U0957211

中国住房租赁

前景、思路与政策

王 微 邓郁松 等 著

RENTAL HOUSING IN CHINA

PROSPECTS, IDEAS AND POLICIES

中国发展出版社
CHINA DEVELOPMENT PRESS

图书在版编目（CIP）数据

中国住房租赁：前景、思路与政策 / 王微等著. —北京：中国发展出版社，2023. 6

ISBN 978-7-5177-1339-5

Ⅰ. ①中… Ⅱ. ①王… Ⅲ. ①租房—住宅市场—研究—中国 Ⅳ. ①F299.233.5

中国版本图书馆CIP数据核字（2022）第231646号

书　　　名：中国住房租赁：前景、思路与政策
著作责任者：王　微　邓郁松　等
责 任 编 辑：杜　君　龚　雪
出 版 发 行：中国发展出版社
联 系 地 址：北京经济技术开发区荣华中路22号亦城财富中心1号楼8层（100176）
标 准 书 号：ISBN 978-7-5177-1339-5
经　销　者：各地新华书店
印　刷　者：北京博海升彩色印刷有限公司
开　　　本：710mm × 1000mm 1/16
印　　　张：10.5
字　　　数：135千字
版　　　次：2023 年 6 月第 1 版
印　　　次：2023 年 6 月第 1 次印刷
定　　　价：58.00元

联 系 电 话：（010）68990642 68360970
购 书 热 线：（010）68990682 68990686
网 络 订 购：http://zgfzcbs.tmall.com
网 购 电 话：（010）68990639 88333349
本 社 网 址：http://www.develpress.com
电 子 邮 件：fazhanreader@163.com

版权所有 · 翻印必究

本社图书若有缺页、倒页，请向发行部调换

“中国住房租赁：前景、思路与政策”
课题组

课题顾问

王安顺　国务院发展研究中心原副主任、党组成员（正部长级）

课题负责人

王　微　国务院发展研究中心市场所所长、研究员

邓郁松　国务院发展研究中心市场所副所长、研究员

课题协调人

王瑞民　国务院发展研究中心市场所副研究员

课题组成员

牛三元　国务院发展研究中心市场所副研究员

金浩然　国务院发展研究中心市场所副研究员

孙成龙　国务院发展研究中心市场所综合室主任

许小乐　贝壳找房研究院首席分析师

王继源　国家发展改革委宏观经济研究院副研究员

龙婷玉　中国人民大学经济学博士

摘　要

当前，我国已开启奔向第二个百年奋斗目标、建设社会主义现代化国家的新征程。党的二十大报告从中国式现代化的历史任务出发，对增进民生福祉、提高人民生活品质作出一系列重大战略部署，强调“坚持房子是用来住的，不是用来炒的定位，加快建立多主体供给、多渠道保障、租售并举的住房制度”，对新发展阶段租赁住房的发展提出了更高要求。

我们认为，可支付的、基本体面的租赁住房是居民全生命周期住房阶梯的重要一环。自 1998 年住房市场化改革以来，商品房买卖市场得到快速发展，但租赁市场发展相对滞后且不规范。“重购轻租”格局下，租赁住房的群体和家庭获得感总体不强，已成为制约住房高质量发展的“短板”。2016 年以来，特别是 2017 年党的十九大以来，党中央明确提出加快建立租购并举的住房制度，加快住房租赁市场发展特别是加快长租房和保障性租赁住房发展逐渐成为政策共识，政策理念也经历了从“购租并举”到“租购并举”的重大转变，租赁住房的发展得到了前所未有的重视。

从我国租赁住房的供求格局看，总量平衡但结构性矛盾突出。2020 年我国租赁住房的城镇家庭超过 6500 万户。分年龄看，30 岁以下的青年人群体主要以租赁解决居住问题。分群体看，租赁住房的人群主要有进城农民工、新就业大学毕业生和部分城镇自有住房家庭三类。其中，进城农民工是最大需求群体，以“一张床”为主，对租金较为敏感，购买自有住房比例不高。新就业大学毕业生收入低、资产积累少，在初入职场后一般通过租房解决居住问题，以“一间房”为主，但随着收入提升和年龄增长，普遍倾向于购买自有住房。部分城镇有房家庭由于职住平衡和子女入学等需求，也将租赁住房作为调节，以“一套房”为主。课题组根据第六次全国人口普查数据和2011—2020年的城镇住房变化情况对2020年城镇住房存量进行匡算，结果显示，2020年我国城镇存量住房约3.5亿套，其中，可租赁住房达1.2亿套，供给总量充足。

但是，区域结构、品质结构、政策支持力度均存在较为严重的错配。由于租赁住房具有区位异质性，位置不可移动，人口净流入城市的住房租赁市场供不应求，品质普遍较低的租赁住房也难以充分满足租赁群体对“租有宜居”的需求。位置偏僻的新建租赁住房也难以匹配租赁群体职住平衡的需求。政策支持结构重增量、轻存量，但新建租赁住房面临土地成本高企、建设标准偏高、投资周期长等突出问题，尚未形成可持续的供应模式。实践中，建设主体为降低土地等成本，往往选择偏僻的区位建设保障性租赁房，导致建成后利用率不足。此外，租赁市场乱象频发，市场秩序有待进一步规范。旨在促进租赁住房发展的政策，还存在协调不充分的情况，影响了政策效果。

随着人口持续向经济发达的城市群特别是其核心城市集聚，这些重点区域重点城市的租赁需求还将持续增长。新市民群体素质显著提高和中等收入群体扩大也对租赁品质提出更高要求。经济结构转型加快意味着人们换工作将更加频繁，职住平衡要求居住地点灵活变换。作为居民全生命周期住房阶梯的重要组成部分，租赁住房发展需要在新阶段解决大城市住房突出问题、实现更高水平的住有所居和推动房地产业转型升级等方面发挥更大作用。

进入新发展阶段，积极推进租赁住房发展，完善“租购并举”的住房制度，是实现“住有所居”目标的重要举措。租赁住房发展要在准确把握租赁群体的需求特征和发展趋势基础上，以持续提升租赁品质、更好满足人民群众美好居住需求为导向，以人口净流入的大城市为重点，以盘活存量房屋为主要方式，以深化供给侧结构性改革为动力，以践行新发展理念为引领，坚持因城施策，坚持问题导向和目标导向相结合，坚持发挥好政府引导作用和市场主体的积极作用，加强政策协调，解决好租赁住房发展不平衡不充分的矛盾，推动形成可持续的租赁住房发展模式，实现租购并举、梯次消费、梯度改善，促进租赁住房健康发展，更好满足居民全生命周期的住房需求。

我们建议，进一步完善财税、金融、土地、规划、市场监管等政策，并注重加强政策协调，构建促进租赁住房更好发展的政策框架。

一是优化财政资金使用方式，更好引导租赁供给。针对现阶段可利用的租赁存量房源多但品质差、供需结构不匹配的主要矛盾，建议充分发挥财政资金“四两拨千斤”的引导作用，从“补砖头”为主向“补砖头”“补人头”并重转变，从“补房屋”为主向“补房屋”“补基础”“促升级”并重转变，重点提升新市民、青年人等群体的住房租赁支付能力，完善租赁住房配套设施，发展绿色租赁住房，促进形成需求引领供给、供给带动需求的良性循环。

二是建立可持续的租赁住房金融支持政策。针对租赁住房持有期限长的特点，应通过中长期贷款、租赁住房 REITs 等方式建立可持续的金融支持政策，有效降低租赁住房融资成本，促进租赁住房实现长期可持续发展。

三是完善土地、规划政策，优化租赁住房供应结构。要更加重视完善土地、规划方面的政策，通过改建和在低成本用地上新建租赁住房优化租赁住房供应结构、降低租赁住房供应成本，更好满足租赁群体需求。建议比照保障性租赁房相关政策，在市场化租赁住房土地来源、用途管制、使用期限等方面进行必要的“松绑”，有效降低租赁住房土地成本和改建成本。

四是完善租赁立法，加强租赁监管和政策协调。通过完善租赁立法、加强政策协调和租赁监管，构建租赁住房发展的规则框架，保障市场参与各方的合法权益，为市场主体积极参与租赁住房发展提供稳定预期。

五是因城施策，分类发展。由于不同城市住房总量、结构和人口流动情况存在较大差异，应根据不同城市存量住房和租赁需求情况，因城施策，分类确定各自的租赁住房发展重点。对住房总量不足，房价、租金均明显偏高的北京、上海等少数城市，应更加重视增加供应总量，特别是鼓励将低效利用的工商业物业改建为品质高、面积较小的租赁住房，有效降低承租人的租赁支出；对深圳、广州等城中村出租屋较多的城市，应完善相关配套设施，注重改善和提升租住品质，继续发挥好城中村对新市民的容纳作用；对住房供求总体平衡、租金比较适宜的城市，租赁住房发展重点宜以解决职住平衡和提升居住品质为主，根据市场需求在租赁人口集中的区域适当改建或新建租赁住房，完善老旧小区的基础设施，提升租住品质；对户均住房超过 1.1 套、租金相对较低的城市，宜更加重视通过政策引导等方式盘活存量住房用于租赁，对于新市民和低收入群体，可通过发放租房券等货币化方式解决其居住问题。

目　录

总报告

专题报告一

专题报告二

总报告

租赁住房发展的重点、思路和政策研究

一、我国租赁住房发展的主要阶段与政策脉络

从历史视角看，中华人民共和国成立以来，我国租赁住房发展经历了以租住公房为主体，到住房市场化改革后租赁市场起步，再到积极发展公租房，直到推进“租购并举”、全面发展和规范租赁住房四个阶段。

（一）以低价租住公房为主体，逐步探索住房制度改革（1998年以前）

社会主义改造时期，国家对私人房产采取保护政策，并实施租金管控。1949 年 8 月公布的《关于城市房产、房租的性质和政策》规定，允许私人房屋出租，租约由双方协议订立，租额不得过高，但是也不宜太低。保护私有产权和允许出租，有利于缓解因战争破坏带来的住房短缺问题。1956 年，完成工商业社会主义改造后，国家启动了针对私有出租房屋的社会主义改造运动，自用住房属于生活资料，不纳入改造范围[①]。

随着工业化政策的不断推进，城市执行低工资、低消费政策。1956 年

① 见1956年1月中央书记处第二办公室《关于目前城市私有房产基本情况及进行社会主义改造的意见》。

中央成立城市服务部，下设城市房地产管理局，统筹管理和分配国家公房资源。1978 年后我国开启了住房商品化改革的探索。1985 年，国务院组建了“租金改革领导小组”，1986 年又通过住房制度改革领导小组，制定并实施了“提租发券，空转起步”的改革方案，意在适当提高租金水平，按工资比例发给职工一定的住房券，变暗补为明补，住房券的结余可用于购买新房。1991 年 6 月，国务院发布《关于继续积极稳妥地进行城镇住房制度改革的通知》（国发〔1991〕30 号），要求将现有公房租金有计划、有步骤地提高到成本租金，按市场价和标准价出售公房。1994 年，《国务院关于深化城镇住房制度改革的决定》要求加大租金改革力度，有条件的地区和单位要尽快实现向成本租金和市场租金的过渡。

福利分房制度在特定的历史条件下曾起到积极的作用，保证了城镇居民的基本生活条件，维护了社会安定。但低租金福利制度无法实现以租养房，城市房源供应长期处于严重短缺状态，也加重了国家财政和企事业单位负担，难以实现住房建设的良性循环。租赁住房虽然占比高，但住房困难问题比较突出、居住条件普遍不佳。1980 年，全国 8.1 亿平方米的城市住房中，75% 以上的住房由政府和企业建设管理，房租的 74% 由财政补贴[①]。1993 年城镇居民中公房租赁家庭比重高达 69.8%，1997 年也达到 56.7%。

随着城市规模的扩大和人口的增长，城镇住房的严重短缺和住房条件难以得到明显改善的问题广受关注，城镇居民住房问题被认为是亟须解决的“历史欠账”问题之一。在前期改革试点基础上，1998 年进一步深化城

---

① 到1980年，在8.1亿平方米的城市住房中有2.5亿平方米住房直接由地方房产管理局管理，占城市住房的31%；城市企业管理3.6亿平方米，占城市住房的44%；私人手中仍然有2亿平方米住房，占到25%，其中大部分用于个人自住，一部分用于出租。1981年，经济学家估算，城市居民平均为每平方米住宅支付0.1元，然而实际成本（把折旧、修理、维护和管理考虑进去）为0.38元，国家每平方米补贴0.28元。由政府和企业建设管理的住房占75%以上，可见国家财政压力之大。

镇住房制度改革的方案正式推出，租赁住房发展也进入新的阶段。

（二）深化住房制度改革，住房租赁市场起步（1998—2009年）

1998 年，国务院出台《关于进一步深化城镇住房制度改革加快住房建设的通知》（国发〔1998〕23 号），明确提出要停止住房实物分配，逐步实行住房分配货币化，建立和完善以经济适用住房为主的多层次城镇住房供应体系，并对不同收入家庭实行不同的住房供应政策：最低收入家庭租赁由政府或单位提供廉租住房；中低收入家庭购买经济适用住房；其他收入高的家庭购买、租赁市场价商品住房。通知还明确了经济适用住房建设扶持政策以及对发展住房金融的要求。对于廉租住房，通知提到“廉租住房可以从腾退的旧公有住房中调剂解决，也可以由政府或单位出资兴建。廉租住房的租金实行政府定价”。次年，建设部颁布了《城镇廉租住房管理办法》，建立和完善了我国城镇廉租住房的供应体系，保障了最低收入家庭最基本的住房需求。

2003 年，《国务院关于促进房地产市场持续健康发展的通知》（国发〔2003〕18 号）提出坚持住房市场化的基本方向，不断完善房地产市场体系，增加普通商品住房供应，建立和完善廉租住房制度，控制高档商品房建设。

2007 年，国务院颁布《关于解决城市低收入家庭住房困难的若干意见》（国发〔2007〕24 号），建立了住房保障基本框架，进一步建立健全了城市廉租住房制度，逐步扩大廉租住房制度的保障范围，合理确定廉租住房保障对象和保障标准，健全廉租住房保障方式。对廉租住房保障方式，明确“城市廉租住房保障实行货币补贴和实物配租等方式相结合，主要通过发放租赁补贴，增强低收入家庭在市场上承租住房的能力。每平方米租赁补贴标准由城市人民政府根据当地经济发展水平、市场平均租金、保障对象的经济承受能力等因素确定。其中，对符合条件的城市低保家庭，可按当地的廉租住房保障面积标准和市场平均租金给予补贴”。

2008 年 12 月，国务院办公厅发布了《关于促进房地产市场健康发展的若干意见》（国办发〔2008〕131 号），在住房租赁市场方面，该意见提出“对不符合廉租住房和经济适用住房供应条件，又无力购买普通商品住房的家庭，要从当地实际出发，采取发展租赁住房等多种方式，因地制宜解决其住房问题”。

总体来看，1998 年后我国城镇住房制度改革不断深化，福利分配的公房租赁制度自此终结，提出了以经济适用住房为主，以廉租住房和商品住房为重要补充的供应体系。这一阶段，我国城镇居民居住条件显著改善，人均住房建筑面积从 18.7 平方米增长到 30.6 平方米，增加了 63.6%，基本扭转了城镇住房短缺的局面。

这一阶段，住房租赁市场开始起步。2009 年全国约有 5000 万名农民工在租房居住，新就业大学毕业生中有相当一部分人需要租房，为住房租赁市场发展提供了大量需求。2009 年新成立的房地产中介服务法人单位达到 5531 个，是 1999 年的近 10 倍。住房租赁市场虽然发展很快，但住房政策的重心仍主要围绕商品房的开发建设、交易和管理，对于租赁住房发展和规范方面的政策比较有限。

（三）积极发展公租房，租赁市场发展提速（2009—2015年）

2009 年以后，在宽松政策刺激下，房地产市场明显回暖，当年全国新建商品住房销售均价同比上涨 25%。由于房价上涨过快，低收入居民和新市民等群体购房难度进一步加大。为解决城镇低收入家庭、农民工、新就业大学毕业生等群体的住房困难问题，住房租赁和住房保障更加得到重视。2009 年政府工作报告中首次提出要积极发展公共租赁住房。2010 年 6 月，住房和城乡建设部（以下简称住建部）等七部门公布了《关于加快发展公共租赁住房的指导意见》，明确提出公共租赁住房实行"谁投资、谁拥有"的政策，主要的保障对象为城镇低收入家庭、农民工、新就业的"夹心层"职工。

2011 年，"十二五"规划中提出要建设 3600 万套保障性住房，加大保障性住房供给，重点发展公共租赁住房，逐渐使其成为保障性住房的主体。2013 年 12 月，住建部、财政部、国家发展改革委联合印发了《关于公共租赁住房和廉租住房并轨运行的通知》，要求公租房和廉租房从 2014 年开始联合并轨运行，合并后统一称为公共租赁住房。这一阶段同样关注住房租赁市场发展。2010 年 12 月，住建部出台了《商品房屋租赁管理办法》（住建部令第 6 号），成为延续至今专门规范我国住房租赁市场交易活动的部门规章。

在这一阶段，随着人口流动频率不断加快，市场化租赁住房供需两旺，相关政策不断完善，形成了以公租房和市场化租赁住房为主体的"二元"租赁格局。公租房逐渐取代经济适用房，成为保障性住房的主体，代表着住房保障的范围从过去的户籍居民拓展到包含新市民群体的常住居民。各地围绕公租房进行了租补分离、明收明补、分档补贴等有益探索，有利于规范管理、提高运行效率。

2015 年全国 1% 人口抽样数据显示，13.9% 的城镇居民家庭租房居住。各类长租公寓陆续出现，房地产开发商旗下的长租公寓品牌开始进入住房租赁市场，如万科泊寓、龙湖冠寓分别于 2014 年前后推出了各自第一个长租公寓项目。

（四）从购租并举转向租购并举，加快发展租赁住房（2015年以后）

2015年，部分城市住宅价格再次出现过快上涨，在进一步完善调控政策的同时，党中央、国务院开始更加重视发展住房租赁市场。2015年中央经济工作会议上，提出要以满足新市民住房需求为主要出发点，以建立购租并举的住房制度为主要方向，把公租房扩大到非户籍人口。首次提出"购租并举"，将发展租赁住房作为深化住房制度改革的重要内容。2016年6月，国务院办公厅印发了《关于加快培育和发展住房租赁市场的若干意见》（国办发〔2016〕39号），全面部署加快培育和发展住房租赁市场工作，指出"实行购租并举，培育和发展住房租赁市场，是深化住房制度改革的重要内容，是实现城镇居民住有所居目标的重要途径"。

2016年中央经济工作会议上，首次提出要坚持"房子是用来住的，不是用来炒的"（以下简称"房住不炒"）定位。党的十九大报告中，又进一步指出要坚持"房住不炒"定位，加快建立多主体供给、多渠道保障、租购并举的住房制度，让全体人民住有所居。自此，"房住不炒"和"租购并举"成为房地产调控和租赁住房发展的重要指引。

2017年7月，住建部等九部门联合印发《关于在人口净流入的大中城市加快发展住房租赁市场的通知》（建房〔2017〕153号），通知指出"当前人口净流入的大中城市住房租赁市场需求旺盛、发展潜力大，但租赁房源总量不足、市场秩序不规范、政策支持体系不完善，租赁住房解决城镇居民特别是新市民住房问题的作用没有充分发挥"。通知要求多措并举，加快发展住房租赁市场，并在培育机构化、规模化住房租赁企业、搭建政府住房租赁交易服务平台、增加租赁住房有效供应、创新住房租赁管理和服务体制等方面提出明确要求。

在租赁市场发展过程中，针对长租公寓企业频繁“暴雷”以及租赁住房“黑中介”等市场乱象，2019 年 12 月，住建部、国家发展改革委等六部门印发《关于整顿规范住房租赁市场秩序的意见》，规范住房租赁市场主体经营行为，保障住房租赁各方特别是承租人的合法权益。

2021 年 7 月，国务院办公厅发布《关于加快发展保障性租赁住房的意见》（国办发〔2021〕22 号），明确提出住房保障体系以公租房、保障性租赁住房和共有产权住房为主体，要通过加快发展保障性租赁住房，促进解决好大城市住房突出问题，推动实现全体人民住有所居。该意见提出了保障性租赁住房供应对象、参与主体、供给原则等方面的基础制度，还明确了土地、财政、税费、金融、审批等方面的支持政策，为加快发展保障性租赁住房提供了政策支撑。

这一阶段，住房制度改革上开始从过去“重售轻租”转向“租购并举”，公租房起到重要兜底作用。保障性租赁住房受到高度重视，发展不断提速。此外，在深入总结前期住房租赁发展经验的基础上，培育和规范发展住房租赁市场成为重要工作，各部门多维度、全方位加快相关制度建设，有效促进了住房租赁市场健康发展。

二、我国城镇租赁住房供需现状和主要特征

租赁是满足居住需求的重要方式。目前我国已形成了以公租房、保障性租赁住房和市场化租赁住房为主体的租赁住房供应体系。据课题组测算，2020 年我国租赁住房供给总量可以满足城镇居民的租住需求，但租赁住房中非正规住房、老旧住房占比较高。租金水平总体可负担，但部分城市租金上涨压力较大。

（一）我国城镇租赁住房供应体系初步形成

我国城镇租赁住房供给来源丰富，以市场化租赁住房为主。在市场化租赁住房方面，有商品住房、城中村自建房、已购公房和经过改建的闲置工商业用房等多种形式。在具有保障性质的租赁住房方面，目前主要包括公租房和保障性租赁住房。

1. 公租房（含廉租房）起步早，已实现城镇户籍低收入住房困难家庭的应保尽保

廉租房是指政府和单位以租金补贴或者实物配租的形式，向城镇常住最低收入家庭提供的租金相对低廉的保障性住房。1998 年 7 月，国务院发布《关于进一步深化城镇住房制度改革加快住房建设的通知》（国办发〔1998〕23 号）提出“最低收入家庭租赁由政府或单位提供廉租住房”。

公共租赁住房仅以出租的形式为符合条件的家庭提供住房保障，既可以建成成套的住房，也可以以集体宿舍的形式提供，成套的住房单套面积控制在 60 平方米以下。2010 年，住建部等部委发布《关于加快发展公共租赁住房的指导意见》（建保〔2010〕87 号）正式引入了“公共租赁住房”的概念，其保障对象包括城镇中等偏下收入住房困难家庭、新就业无房职工、在城镇稳定就业的外来务工人员。2013 年 12 月，住建部、财政部、国家发展改革委发布《关于公共租赁住房和廉租住房并轨运行的通知》，从 2014 年起，各地公共租赁住房和廉租住房并轨运行。

根据住建部数据，截至 2019 年底，我国累计有 3800 多万名困难群众住进公租房，还有近 2200 万名困难群众领取了租赁补贴，有效改善了困难群众住房条件，低保、低收入住房困难家庭基本实现应保尽保，中等偏下收入家庭住房条件得到有效改善。

2. 保障性租赁住房开始起步，旨在为新市民提供可支付的租赁住房

保障性租赁住房主要面向符合条件的新市民、青年人等群体，以建筑面积不超过70平方米的小户型为主，租金低于同地段同品质市场租赁住房。2020年12月，全国住房和城乡建设工作会议指出，要“重点发展政策性租赁住房，探索政策性租赁住房的规范标准和运行机制”。2021年7月，国务院办公厅发布《关于加快发展保障性租赁住房的意见》（国办发〔2021〕22号），将政策性租赁住房正式更名为保障性租赁住房。在参与主体上，保障性租赁住房由政府给予土地、财税、金融等政策支持，充分发挥市场机制作用，坚持“谁投资、谁所有”，支持专业化规模化住房租赁企业建设和运营管理保障性租赁住房。

3. 市场化租赁住房是满足多样化租赁需求的主渠道

市场化租赁住房长期存在，始终是租赁住房的主要组成部分。近年来，相关部门积极推进住房租赁市场发展，出台了《住房和城乡建设部关于加快培育和发展住房租赁市场的指导意见》《关于放宽提取住房公积金支付房租条件的通知》等一系列支持政策。中央各部门和各地区也纷纷跟进出台相关实施细则，包括加快租赁用地供给、盘活存量用地用房、非住宅建筑改建扩建、培育租赁企业、允许公积金支付房租、推进房地产投资信托基金（REITs）试点、租赁企业减税降费等多个方面。在上述政策支持下，我国住房租赁市场发展进入快车道，以长租公寓为代表的租赁新业态、新模式发展势头良好，但也出现了“租金贷”“高进低出”“短进长出”等金融乱象，一些长租公寓运营机构“暴雷”“跑路”，租赁市场秩序还有待进一步规范。

（二）我国城镇租赁住房需求规模和结构特征

租赁住房需求规模和结构，与人口总量、城镇化水平、居民年龄结构、居民群体类型密切相关。人口总量增加、城镇化水平提升带来的大量城镇新增人口，是租赁住房需求增长的主要驱动因素。以新就业大学毕业生和青壮年进城农民工为代表的年轻群体，由于收入水平较低、资产积累少，短期内难以购买自有住房，是租赁住房的主力人群。此外，部分城镇已有住房群体受职住平衡、子女入学等需求驱动，也会通过租赁满足阶段性的住房需求。

1. 2020 年我国租赁住房的城镇家庭超过 6500 万户

第七次全国人口普查（以下简称“七普”）将人口分为家庭户和集体户[①]，并对家庭户的住房来源情况有较为详尽的统计，但对集体户的住房情况并未统计。

家庭户：“七普”数据显示，2020 年我国城镇约有 6540.0 万户家庭租房住，其中租赁廉租房、公租房的约为 1066.3 万户，租赁其他住房的约为 5473.7 万户。与第六次全国人口普查（以下简称“六普”）数据相比，全国城镇租赁家庭数量增加了 2181.6 万户，增幅达到 50%。

集体户：据“七普”统计，2020 年我国城镇集体户居民共有约 1.04 亿人，主要是务工经商人员和学习培训人员[②]，即以在校大学生和进城农民工为主。据国家统计局数据，2020 年我国在校大学生约为 4183 万人，进城农民工约为 1.3 亿人[③]。在校大学生一般居住在学校宿舍中，因此可不计入租赁人口。据国家统计局《2018 年农民工监测调查报告》，2018 年租房

---

① 集体户指相互之间没有家庭成员关系、集体居住共同生活的人口。

② 周福林：“我国集体户与集体户人口状况一瞥”，《中国统计》，2015（07）：18–19。

③ 进城农民工中非独立居住的，即居住在工棚、集体宿舍或与他人合租的，也会被纳入集体户统计。

的进城农民工占比为61.3%。“七普”城镇集体户户均人数为4.0人，假设租房的进城农民工以4人为一户进行合租，则需要租房的进城农民工约为2007.7万户。

2. 30岁以下的青年人群体主要以租赁解决居住问题

从居民全生命周期住房需求的角度观察，户主年龄不同的城镇家庭住房自有率差异明显，一般户主年龄越大、住房自有率越高、租赁比例越低。居民在年轻时期主要靠租赁解决居住问题，如美国、德国等发达国家30岁以下人群租赁住房占比均超过50%[①]，我国也不例外。根据“六普”数据，对于户主年龄在30岁以下的年轻家庭，租赁住房是解决居住需求的重要方式，占比超过50%。随着户主年龄增长，购买商品住房和原公有住房以实现住房自有的比例持续提高（见图1）。

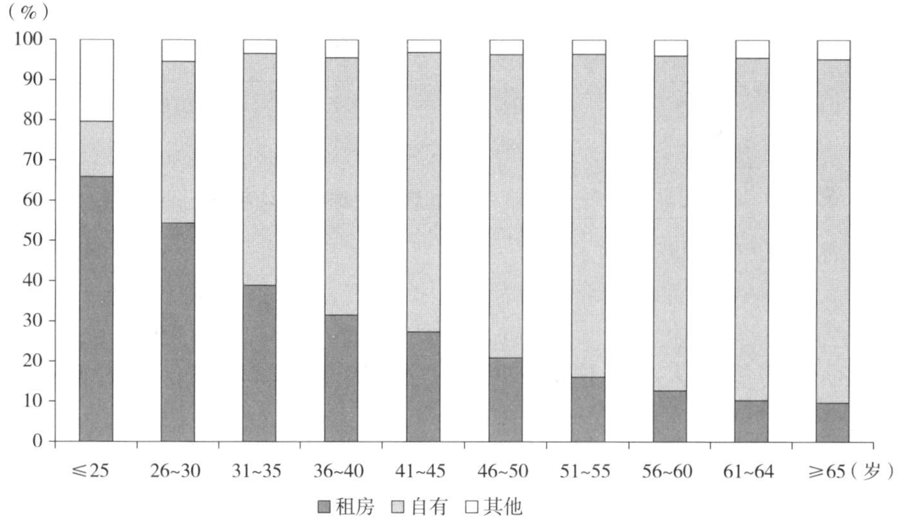

图1　2010年我国城镇居民家庭住房类型（按户主年龄段分）

注：自有住房包括自建住房、购买原公有住房、购买经济适用房、购买商品房；租房包括租赁商品房和租赁公有住房。

资料来源：“六普”数据。

① 数据来源：各国国家统计局。

近年来，随着人口持续向大城市和大型城市群持续集聚，这些地区住房供需逐渐紧张，一个重要的表现就是租赁住房群体平均年龄日益增大。根据贝壳找房数据，2015—2018 年，一线城市北京和新一线城市成都的租房者平均年龄均出现明显上升（见图 2）。另外，南京、天津、杭州、武汉、深圳、苏州、西安、重庆、长沙等城市租房者平均年龄均超过 30 岁。

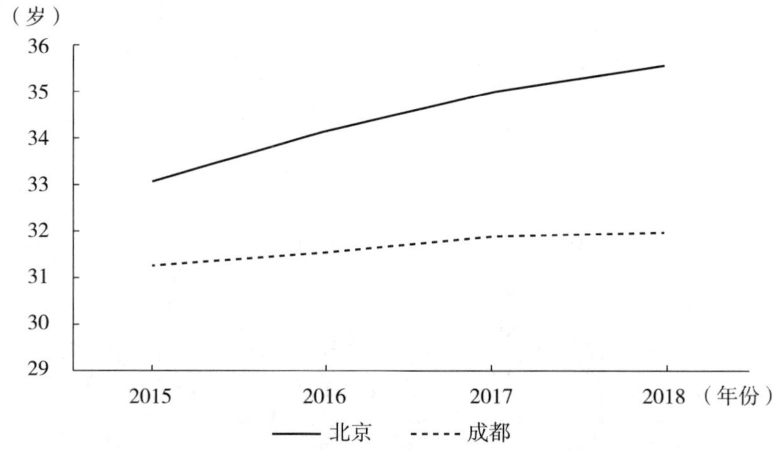

图2　2015—2018年北京和成都租房者平均年龄

资料来源：贝壳找房。

3. 租赁重点人群为进城农民工、新就业大学生和部分城镇有房家庭

分群体看，租赁住房的人群主要有进城农民工、新就业大学生和部分城镇自有住房家庭三类。其中，进城农民工是我国住房租赁的最大需求群体，以“一张床”为主，对租金较为敏感，购买自有住房比例不高。新就业大学生收入低、资产积累少，在初入职场后一般通过租房解决居住问题，以“一间房”为主；但随着收入提升和年龄增长，普遍倾向于购买自

有住房。部分城镇有房家庭有职住平衡和子女入学等需求，以“一套房”为主。

（1）进城农民工

进城农民工是租赁住房的最大需求群体。2020 年农民工总量达 2.9 亿人，其中进城农民工 1.3 亿人[①]。2018 年，在外地进城农民工中，租房居住的占 61.3%[②]，是我国住房租赁市场的主要需求群体。

早期的农民工群体住房租赁需求以“一张床”为主，工业园区或工作地附近的蓝领公寓提供床位，并配备卫生间、浴室等设施。跟早期的农民工群体不同，“新生代”[③]农民工举家迁移数量增多，并且对租赁住房品质要求较高，单位或雇主提供的住房（大多是工棚和员工宿舍）很难满足家庭居住以及社交等公共服务需求。随着我国产业结构从制造业为主向服务业为主转变，农民工群体的就业将向服务业集中，特别是向吸纳就业较多的生活服务业集中，2019 年在服务业就业的农民工占比达到 51%。生活服务业大多位于城市中区位较好的地段，雇主提供合意住房的难度较大，农民工通过在市场上租赁住房的需求会持续增长，希望住宿地点距离上班地点近、住房品质较好，且周边能有较多的公共服务设施。

（2）新就业大学毕业生

新就业大学毕业生是我国住房租赁的第二大需求群体。2010—2020 年全国大学毕业生累计达到 7613 万人（见图 3）。为寻求更好的发展机会，新就业大学毕业生主要选择大中城市就业。在刚工作的阶段，新就业大学毕业生的工资普遍不高，很难短期内实现首次置业，因此通常是选择租

---

① 国家统计局：《2020年农民工监测调查报告》。

② 国家统计局：《2018年农民工监测调查报告》。

③ 新生代农民工指的是在1980年及之后出生的，进城从事非农业生产6个月及以上的，常住地在城市、户籍地在乡村的劳动力。

房。受收入水平限制，新就业大学毕业生对居住面积要求较低、对价格较敏感，但要求有一定的独立空间，一般是选择合租方式或租住改造后的单间，但这类租赁群体对交通、餐饮、购物等配套要求较高，兼有融入职场等社交需求。

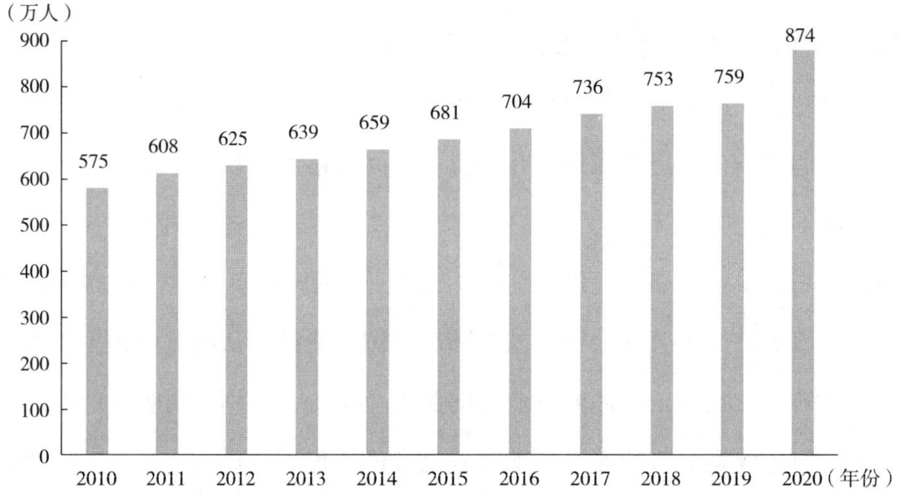

图3　我国普通高校毕业生人数（2010—2020年）

资料来源：国家统计局、教育部。

（3）部分城镇有房家庭

在我国大中城市里，由于孩子上学地点变动、工作岗位变化等因素，城镇有房家庭对成套住房租赁需求也十分旺盛。易居研究院曾对 11234 组城镇家庭进行问卷调查，调查重点关注了租房家庭，其中有 42.31% 受访者租房住且未买房，有 41.79% 租房住且已买房，即租房家庭中有房的比例接近一半。对于有房还租房的原因，有 50.62% 的家庭认为理想的房子价格难以负担，只得租房住；11.7% 的家庭表示买的房子也在出租，能接受长期租住。

与前面两类租赁需求群体相比，大部分城镇有房家庭租赁需求的临时性和过渡性特征更明显，属于阶段性居住需求，通常对租金的承受力较高。此外，这类需求多属于置换式需求，在形成租赁需求的同时，一般也会将自有住房选择对外出租。城镇有房家庭的住房租赁需求上升，有利于促进各类房源的流通，提升存量房源的配置效率。

4. 租金整体可负担，但部分重点城市租金支付压力大

国际上一般把租金占收入的 30% 作为租金支付能力的合理上限。2020 年，我国城镇居民人均居住消费支出为 6958 元，其中租金占主要部分，其他为水、电等相关居住费用。按 2020 年我国城镇居民人均可支配收入 43834 元计算，租金收入比约为 15.9%，租金负担整体可承受。但是，部分人口净流入的大城市居民租金负担较重。深圳、北京、上海等租金收入比[①]超过 30%，处于高租金水平区间（见表 1），需要积极发展完善的租赁市场，解决新市民等租赁群体的居住问题。

表1　　2020年24个城市家庭租金收入比　　单位：%

城市名称	租金收入比	城市名称	租金收入比
深圳市	46.2	南京市	21.8
北京市	43.6	天津市	21.5
上海市	40.7	武汉市	21.4
杭州市	29.9	福州市	20.6
南宁市	28.1	郑州市	20.5
广州市	25.8	合肥市	20.1
厦门市	25.5	沈阳市	18.7
西安市	23.5	宁波市	18.5
太原市	23.2	青岛市	18.1
重庆市	22.5	石家庄市	16.7

① 租金收入比=年套均租金/城镇家庭年均可支配收入。

续表

城市名称	租金收入比	城市名称	租金收入比
成都市	22.1	长沙市	15.9
长春市	22.0	济南市	15.9

注：由于贝壳平台租赁以整租为主，可能导致租金尤其是套均租金水平偏高。

资料来源：贝壳研究院、各地统计局。

（三）我国城镇租赁住房存量规模和结构特征

“六普”为2010年城镇居民住房情况提供了较为清晰的基础数据。课题组利用2011—2020年住房竣工等数据，在“六普”存量的基础上，测算了2020年城镇住房存量，并对2020年城镇租赁住房的存量规模和结构进行了分析。

1. 我国城镇可租赁住房达1.2亿套，供给总体充足

准确掌握存量住房总量和结构数据是判断租赁住房供给情况的重要基础。由于我国尚未进行住房普查，至今还没有准确的住房存量数据。课题组以“六普”数据为基础，根据2011—2020年新建住房面积、估算的就地城镇化带房进城面积和拆迁面积数据，对2020年的存量住房规模进行了估算。

2020年我国城镇存量住房约为3.5亿套。“七普”数据显示，2020年我国城镇家庭户居住的住房面积约为307.7亿平方米。但是，由于问卷填写方式与“六普”存在区别①，“七普”并未充分反映房屋空置情况，导致全国住房面积可能被低估。课题组根据“六普”数据和2011—2020年的城镇住房变化情况对2020年城镇住房存量进行了必要的匡算。“六普”显

① 根据“六普”问卷填写要求，一户有两处或两处以上住房的，如果没有出租或借给其他人居住，要把这几处住房的住房间数和住房面积分别相加，因此面积已经考虑了多套住房和空置情况。而“七普”问卷并未明确要求对多处住房进行合并填写，因此可能缺少空置住房相关情况。

示，我国2010年城镇存量住房面积约为178.3亿平方米（约2.0亿套）。2011—2020年，我国城镇新建住宅建筑面积约为99.1亿平方米（约1.1亿套）。2011—2020年，我国农民就地城镇化比例约为35.1%，由此带来的“带房入城”住房量约为37.8亿平方米（约3684.6万套）。由于国家统计局公布的全社会住宅竣工面积数据中不包含固定资产投资小于50万元（2010年及以前）和小于500万元（2011年及以后）的住宅项目，据测算，未纳入统计的面积约为30.9亿平方米（约2869.8万套）。许多商住两用公寓也承担居住功能，据测算，2020年我国约有商住两用公寓1.5亿平方米（217.5万套）。按照黄敬婷和吴璟[①]的方法估算，2011—2020年我国存量老旧住宅因拆迁、损坏等灭失的约为23.2亿平方米（约2762.4万套）。综上，按照“2010年城镇住房存量+2011至2020年城镇新增住房规模-2011至2020年城镇灭失住房规模”的公式，2020年我国城镇住房存量约为324.4亿平方米（约3.5亿套）（见表2，具体测算见专题报告一）。

表2　2010—2020年我国城镇住房建筑面积和套数变动情况

	建筑面积（亿平方米）	套数（亿套）
2010年城镇存量住房规模	178.3	2.0
2011—2020年新建城镇正规住房（+）	99.1	1.1
2011—2020年农民“带房入城”规模（+）	37.8	0.4
2011—2020年非正规商住公寓类房屋（+）	1.5	0.0
2011—2020年未纳入统计的新增住房（+）	30.9	0.3
2011—2020年灭失住房规模（–）	23.2	0.3
2020年城镇存量住房规模	324.4	3.5

资料来源：课题组测算。

① 黄敬婷、吴璟：“中国城镇住房拆除规模及其影响因素研究”，《统计研究》，2016（9）：30–35。

当前我国城镇住房供需总体平衡，租赁住房供给充足。按照“七普”数据，2020 年我国城镇常住人口家庭约为 3.10 亿户，则城镇常住居民家庭户均住房套数约为 1.13 套。对比贝壳等市场机构的数据，我国除少数一线城市外，多数城市户均住房套数已基本达到或超过 1.1 套。据“七普”统计，我国城镇家庭住房自有率约为 73.8%，因此从城镇全部 3.5 亿套存量住房中扣除有房家庭自住用房后，可得 2020 年城镇可租赁住房总计约 1.2 亿套，整体已能充分满足 6540 万户城镇租赁家庭和 2000 万户进城农民工的住房需求。

2. 老旧住房和非正规住房占租赁房源比例较高

根据“七普”数据，2020 年我国城镇居民家庭住房中，房龄在 20 年以内的约 70%，房龄在 20 年以上的老旧住房占比达到 30%（见表 3）[①]。城镇地区还有大量非正规住房，包括农民自建房和未纳入统计的小产权房等。根据“七普”数据，2020 年城镇居民家庭居住在自建房的占比约为 21.0%，其中城市约 10.1%，镇约 42.1%。老旧住房和非正规住房是租赁住房的重要来源。据住建部统计，目前我国新市民中近 2/3 租住在居住品质较差的“城中村”和老旧小区[②]。

表3　　2020年城镇存量正规住房年龄结构　　单位：%

	1949年以前	1950—1959年	1960—1969年	1970—1979年	1980—1989年	1990—1999年	2000年以后
城市	0.28	0.29	0.45	1.78	8.84	20.30	68.06
建制镇	0.29	0.25	0.64	2.15	8.23	18.40	70.04

资料来源：“七普”数据。

① 据住建部统计，全国共有老旧小区近17万个，涉及居民超过4200万户，建筑面积约为40亿平方米。

② 老旧小区指2000年前建设的小区。

3. 部分人口净流入多的大城市住房短缺问题较为突出，家庭租金支付能力较差

虽然我国住房供需总体基本平衡，但部分城市住房特别是住房总量短缺态势仍需要高度重视。租赁住房需求主要集中在经济产业发达、人口净流入的大城市。据贝壳研究院测算，按照租金支付占家庭月收入30%的标准衡量，北京、深圳、上海、杭州等城市家庭可支付租赁房源占比[①]不到50%。因此，这些城市租客合租行为十分普遍，甚至出现“群租”等市场乱象，存在消防和治安等一系列风险隐患。

三、我国租赁住房发展面临的主要问题

目前，我国大量城镇租赁住房是城中村自建房，配套设施普遍较差，居住品质较低。区域供需结构性不平衡现象突出，在部分人口净流入的大城市还存在住房短缺问题。此外，租赁市场乱象频发，市场秩序有待进一步规范。旨在促进租赁住房发展的政策，还存在协调不足的情况，影响了政策效果。

（一）租赁住房居住品质普遍不高

基本体面的租赁住房是居民全生命周期住房阶梯的重要一环。目前，国内大多数城市的租赁住房短缺问题已经解决，但非正规住房和老旧住房占比较高、品质低的问题较为突出。如在粤港澳大湾区，有1822万流动

① 可支付租赁房源占比=（租金占城市家庭收入30%以下的房源数量）/2020年租赁成交与租赁库存房源总量。可支付租赁房源占比小于50%表示租赁家庭可支付正规租赁住宅占比较低，家庭的租赁需求挤压至合租甚至非正规租赁市场，或者需要大幅提高租金在收入中的预算占比以获得正规租赁入住机会。

人口住在城中村出租屋[①]，在深圳和东莞城中村出租屋分别占到住房租赁市场的 63% 和 80%[②]。城中村租赁房不少是“握手楼”，通风、采光不佳，成套率不高，缺乏配套，环境脏乱差，居民居住品质较低。中国社会状况综合调查（CSS）的数据也印证了这一情况，新市民群体租住的住房中，18% 没有独立厨房、24% 没有独立厕所或没有厕所，接近 30% 的新市民需与他人共用洗浴设施或无洗浴设施。

（二）租赁住房供给与需求存在结构性错配

结构错配是租赁住房发展中面临的另一突出问题，租赁住房发展不平衡、不充分的问题集中体现在供需错配方面。

一是区域结构错配，部分大城市特别是大城市中心城区租赁住房供不应求。一线城市和部分人口净流入较多的二线城市租赁住房供需矛盾最为突出，租金水平高，租户支付能力不足问题较为突出。在城市内部，中心城区租赁住房供不应求，郊区可供出租的住房充足，但交通等配套不到位，有效需求不足。以北京为例，据贝壳研究院统计，北京近三年挂牌的租赁房源中，五环至六环之间房源占比 33.5%，四环至五环之间占比 19.4%，二环内出租房源占比仅为 5.9%，职住分离现象明显。

二是户型和租金支付能力错配，户型、品质和租金均可满足租户需求的住房供不应求。进入大城市的新就业大学毕业生和外来从业人员收入通常较低，房屋租金在支出中占大头儿。他们需要的是安全、租金可承受的“一张床”或“一间房”，但目前市场可供出租的品质相对较高的商品住

---

① 广东省住建厅：《广东省城中村现状及改造情况调研报告》，2017年11月。

② 张玮：“深圳城中村租赁住房占比超六成 租金基本稳定在40元/m^2以内”，《南方日报》，2018年12月29日；黄慧萍：“东莞房地产市场调控压力较大，住房租赁新政有利于减轻调控压力”，《南方都市报》，2020年5月9日。

房，普遍是面积较大导致租金较高，以单身或两人为主的新市民的租住需求难以得到匹配。为达到品质追求和租金可接受的目标，许多租户通过合租或群租的方式降低租金负担，但容易造成社会问题和安全隐患。

三是专业化运营管理服务占比低，多样化、高品质住房供不应求。当前我国提供专业化运营的租赁企业占比较低，在很大程度上导致难以足量提供多样化、高品质的租赁住房。根据中国房地产估价师与房地产经纪人协会统计，2020年，我国开展经营的规模化企业约有2000家，提供约300万套租赁住房，在市场化租赁住房中占6%左右[①]，还有很大提升空间。现阶段，年轻人等群体在选择租赁房时，考虑的不仅仅是租金或通勤距离，还希望能够找到一个满足自身休闲、社交等需求的生活社区，目前很多这种细化的需求还不能充分满足。

（三）可持续的租赁住房供给模式尚未形成

目前我国大城市住房租售比低，租金回报低，加之土地和融资成本高、税费负担重，合意的租赁住房对区位条件的要求较高，总体来看，市场参与积极性不高，可持续的供给模式尚未形成。

一是建设运营成本高。住房租赁机构要缴纳增值税、企业所得税和印花税，税负较高。由于筹集房屋时无法收到相应发票抵扣，住房租赁企业只能按全部租金收入缴纳增值税，税负较高。对于新建市场化租赁住房，高土地成本是不得不面对的问题，企业如将通过招拍挂方式获得的住宅用地用于租赁，将出现亏损。

二是相关标准和规范不明确、难落地。租赁住房与销售型物业有根

---

① 数据来源：中国房地产估价师与房地产经纪人协会会长柴强在“第三届住房租赁产业国际论坛”上的发言。

本差别，但目前尚缺乏租赁住房建设标准，在实践中相关设计规范或者参照住宅或者参照酒店，客观上会加大租赁住房的建设、改建或运营成本。比如，由于租户的收入水平和需求特征与购房客户差异较大，一般对车位的需求较少，但建设租赁住房如按照商品住宅建设要求配套建设足够的车位，这会加大建设成本，建成后也很难高效利用。对于部分“非住改租”项目，顶层政策明确但实施细则缺失，导致项目难以落地。以商改租为例，部分城市政策允许商改租，但是在实际办理报批报建手续时，各个部门并未收到办理流程和细则，因此不予办理报批手续，导致项目落地困难。此外，改建类租赁住房的土地规划用途调整难，专业公司缺乏政策执行依据，导致水、电、气、热价格没有执行居民生活类标准的政策，增加了租客的费用负担。

三是投资周期长，资本退出机制不畅。我国住房租赁市场的金融产品和服务支持力度远远不足，REITs 发展滞后，社会资本进入住房租赁市场后缺乏顺畅的退出机制。对于租赁住房 REITs，物业转让阶段税收负担较重，导致转出方缺乏转让动力，运营阶段房产税、增值税和企业所得税均来源于租金收入，存在重复征税问题。中央政府尚未明确住房租赁 REITs 的监管主管部门，试点分别涉及住建部、人民银行、证监会等部门，相应的监管理念和规则并不完全一致，也在一定程度上限制了 REITs 的推进。

（四）住房租赁市场秩序有待规范

一是租赁中介机构经营行为不够规范。主要表现为：发布虚假房源信息，隐瞒重要事项，作出不实承诺；随意抬高租金，收取高佣金，扣留租房押金，乱收费；私自进行隔断，违规“群租”，安全隐患大；通过“高进低出”“长收短付”方式侵害权利人合法权益；无证经营、超范围经营，仍有不少“黑中介”“黑二房东”既不备案，也无资质，偷税漏税，非法经营，中介服务质量也得不到保障；存在违规采用“租金贷”、违规驱逐承租人、从业人员私自承接住房租赁业务等扰乱市场秩序的行为。

二是市场监管有盲区。近年来，住房租赁市场迅速发展，但受租赁合同备案缺乏强制性规定等因素影响，政府部门掌握市场信息少，难以对住房租赁市场进行及时有效监管，也导致住房租赁服务中矛盾纠纷多，投诉率常年居高不下。此前国内长租公寓暴雷、“租金贷”事件频发，表明对住房租赁市场的监管不足。住房租赁市场涉及房管、市场监督、公安、税务等多个部门，更加需要形成多部门联合监管工作机制，加大监管力度，持续整顿规范住房租赁市场秩序。

三是住房租赁立法滞缓。住房租赁市场规模较大，供求双边涉及个人、家庭及多元市场主体，为维护市场秩序，需要通过法律法规规范租赁双方权利义务。到目前为止，我国尚未制定专门针对住房租赁的法律，只有住建部 2010 年印发的《商品房屋租赁管理办法》，层次低，约束力弱，市场监管无法可依。虽然《商品房屋租赁管理办法》规定房屋租赁实行登记备案制度，但出租方为逃避登记备案所产生的纳税义务和治安责任，普遍拒绝登记备案，致使住房租赁市场长期脱离政府监管，从而滋生各种乱象。2020 年 9 月，住建部发布《住房租赁条例》（征求意见稿），但由于多种原因，至今仍停留在审议阶段。

（五）政策协调性有待进一步提高

租赁住房发展，需要政府与市场明确各自的定位与分工，也需要政府各部门之间以及中央和地方政府间加强统筹协调，形成政策合力。近年来，我国十分重视住房租赁发展，出台了一系列支持住房租赁发展的政策，开展了多项试点。但在实践中，政策协调不足还比较突出，不利于形成促进租赁住房发展的政策合力。

一是租赁住房供应体系还不够明确。公租房和市场化租赁住房分别由政府和市场主导，其界定和定位相对明确。2020 年中央经济工作会议提出要加快完善长租房政策，规范发展长租房市场，但目前还未形成对“长租房”的统一界定。课题组调研发现，各方普遍认为保障性租赁住房和长租房均有可能得到政策支持，由多主体投资，存在边界交叉。目前两者如何界定和定位还不够明确，影响了现有政策的实施效果，特别是长租房发展的推进速度还相对缓慢。对于保障性租赁住房，根据国办发〔2021〕22 号文，其准入和退出条件由各地人民政府确定，合理的保障范围既要坚持“保基本”，又要充分考虑区域和人群差异，本身设定难度就较大。

二是部分政策的实际效果有违激发市场活力初衷。地方政府在执行中央政府租赁住房发展政策时，未能根据实际情况进行及时反馈与必要调整，更多的是层层加码，导致合理的政策在执行中因加码而走样甚至产生负面效果。如中央提出发展保障性租赁住房，不少地方政府将优惠政策往保障性租赁住房上靠，不少地区计划在“十四五”期间供应较高比例的保障性租赁住房①。在短期内租赁需求增量有限的背景下，这些供应可能会对市场化租赁住房产生挤出效应，影响市场机构增加租赁住房供应的积极性，导致本就脆弱的市场化租赁住房发展受到较大制约。

三是不同部门间缺乏有效协调。以工改租、商改租为例，改建租赁住房涉及住建、自然资源、公安、消防等多个部门，相关的审批流程复杂、

---

① 根据各地供应规划，“十四五”期间，杭州、合肥新增保障性租赁住房套数占新增住房供应套数的比例力争达到30%以上；上海、广州、深圳分别计划新增保障性租赁住房47万套（间）、60万套（间）、40万套（间），均占新增住房供应总量的45%左右。

时间长，在实践中改建租赁住房的政策实施难度较大。此外，地方推进租赁住房建设中，各部门也没有根据租赁需求和消防安全等协商制定相应的设计标准，大多简单参照住宅设计标准，而住宅标准主要针对以“家庭”为生活单位的群体，部分标准过于严格，超过了租赁群体的实际需要，导致改建成本高，降低了企业的盈利预期。

四、租赁住房发展面临的新形势、新趋势和新要求

随着人口持续向经济发达的城市群特别是其核心城市集聚，这些重点区域的重点城市租赁需求还将持续增长。新市民群体素质显著提高和中等收入群体扩大也对租赁品质提出更高要求。经济结构转型加快意味着工作的变动会更加频繁，职住平衡要求居住地点灵活变换。作为居民全生命周期住房阶梯的重要组成部分，租赁住房发展需要在新阶段解决大城市住房突出问题、实现更高水平的住有所居和推动房地产业转型升级等方面发挥更大作用。

（一）新形势

展望2035年，我国租赁住房需求面临着一系列新形势，人口结构变化、城镇化、产业转型都将对租赁住房的供需关系产生结构性影响。人口持续向城市群及其核心城市集聚加大了这些地区的租赁需求，服务业占比持续上升要求为从业人员增加位于中心城区的租赁住房，持续扩大的中等收入群体对高品质租赁住房的需求更大，这些新趋势都客观要求租赁住房供给模式进行变革。居民全生命周期不同阶段住房需求的动态转化也要求租和购两个体系更加平衡、不同种类多元化住房协调发展。

1. 租赁住房发展要更好适应人口持续向城市群特别是其中心城市集聚的新形势

2020年，我国城镇化率达到63.9%，比2010年提高了13.9个百分点。虽然城镇化率快速提高，但人口流动并不均衡，人口更多流向经济发达、产业结构转型较为顺利的珠三角、长三角等大型城市群及大型城市群中的超大、特大城市。与2010年相比，2020年深圳、广州、杭州等城市常住人口净流入规模较大，其中深圳常住人口增加了714万人（见图4）。

在同一省份内部，人口主要流向经济更发达的省会城市或经济中心城市，如2010—2020年，成都人口净流入582万人，仅比广州同期净流入人口少16万人（见图4）。中西部地区绝大部分非省会城市的人口呈净流出状态。年轻人的流动，使人口净流入城市的人口年龄结构更年轻化，租赁需求也更旺盛。

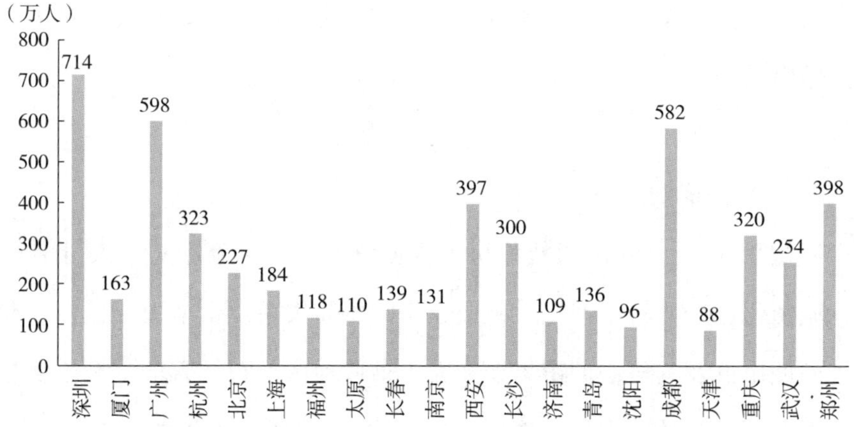

图4 20个人口净流入城市的人口增量（2010—2020年）

资料来源：各城市“七普”公报。

由于人口主要流向经济发达的大城市，大型城市的房价普遍较高（见图 5），不少大城市的房价收入比在 10 以上（见图 6），超出了大部分新市民的住房支付能力。这些大城市租赁群体规模和比重明显高于中小城市，租赁成为新市民解决居住需求的主要方式。

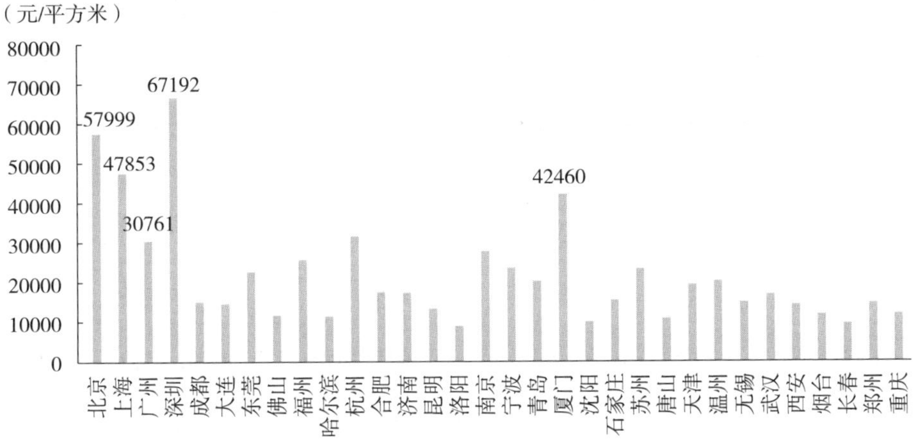

图5　全国主要城市二手房价格（2020年）

资料来源：贝壳找房。

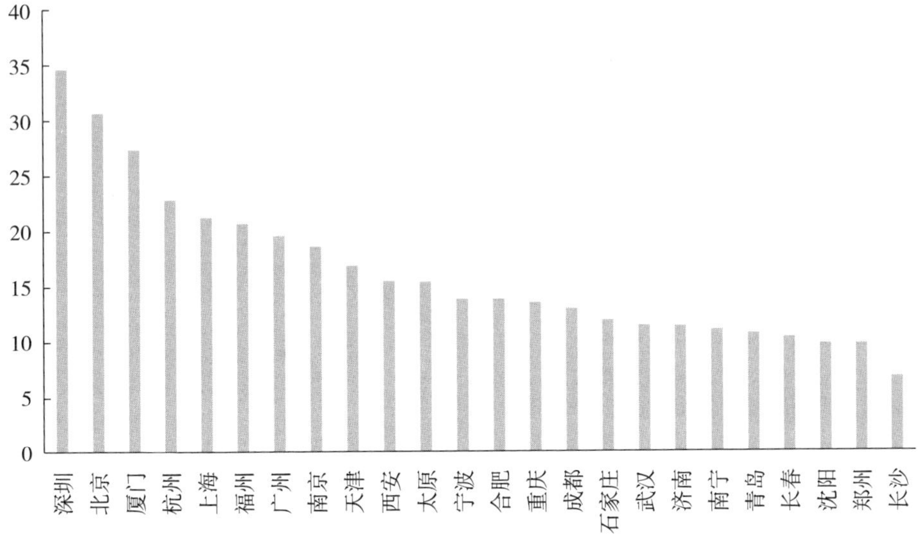

图6　全国主要城市房价收入比（2019年）

资料来源：贝壳找房。

从全球比较看，当城镇化率超过 50% 后，人口持续向服务业发达的大中城市和城市群集聚是一种普遍现象。由于中心城市教育、科研资源丰富，高科技、金融等服务业发达，在经济结构转型的大趋势下，未来我国人口仍将持续向经济发达的大中城市和城市群集中。大中城市的房价水平相对较高，住房自有率一般低于其他城市，人口向大中城市进一步集中意味着这些城市的租赁需求会持续增长。

2. 租赁住房发展要更好适应服务业就业占比持续上升的新形势

2012 年我国服务业增加值占 GDP 的比重达到 45.46%，首次超过第二产业，标志着我国开始进入以服务业为主导的产业转型升级期。2020 年服务业就业人口总数达到 35806 万人，占全部就业人口的比重为 47.7%，较 2010 年提高 13.1 个百分点，同期第二产业就业占比与 2010 年持平。从全球比较看，美国、日本、德国等发达国家服务业占 GDP 的比例和服务业就业占全部就业人员的比例一般在 70% 左右。综合判断，我国经济中服务业增加值和就业占比都还有至少 20 个百分点的提升空间。分行业来看，近年来零售、物流、教育等行业就业规模有所上升。中国物流与采购联合会数据显示，2016—2019 年我国物流行业从业者从 5010 万人增长至 5191 万人，增长了 3.6%。

不同行业就业者对居住的核心诉求有所不同。服务业大多位于城市中区位较好的地段，雇主提供合意住房的难度较大，部分流动人口通过在市场上租赁住房的需求会持续增长。就业者希望住宿地点距离上班地点近、住房品质较好，且周边能有较多的公共服务设施。而参与建筑业生产的农民工更希望获得低租金的员工宿舍。租赁住房发展应紧跟就业结构调整趋势，更好地匹配租户的实际需求。

3. 租赁住房发展要更好适应新市民素质显著提高和中等收入群体快速扩张的新形势

新增就业人员素质显著提高。根据《中国人口与劳动问题报告》预测，“十四五”时期新增劳动力规模基本维持在1400万人左右的水平，预计到2030年之后开始持续下降。其中，“十四五”时期城镇新增劳动力规模为700万～820万人。2018年全国农民工数量趋于峰值，预计“十四五”期间外出农民工规模保持在1.7亿人左右，本地农民工将维持在1亿人左右，其中，新增农民工规模预计在690万～720万人。“十四五”时期新增劳动力中大约70%具有大专及以上学历，绝对数量达到1000万左右[①]。

中等收入群体规模快速扩张。2017年中央经济工作会议判断：目前我国中等收入群体超过3亿人，大致占全球中等收入群体的30%以上。中等收入群体的消费特征是需求水平的提高，从温饱需求到品质需求，从实体产品消费到服务消费再到体验消费。党的十九大报告提出新时代我国社会主要矛盾已经从不断增长的物质文化需要同落后的社会生产之间的矛盾，转化为人民日益增长的美好生活需要和不平衡不充分的发展之间的矛盾。规模不断扩大的中等收入群体将更加注重舒适、健康、智慧等高品质美好居住需要，对增加高质量租赁住房供给提出更高要求。

4. 租赁住房发展要更好适应家庭结构变化的新形势

家庭化迁移带来成套、高品质租赁住房的需求增加。新市民群体在就业城市的居留时间不断增加，对成套、高品质租赁房需求增加。对于单个个体流动，“一张床”就可以满足其租赁需求，不少制造业企业为员工提供了集体宿舍与工棚等非市场化的租赁住房；对于夫妻共同流动，则至少

---

① 张车伟主编：《人口与劳动绿皮书：中国人口与劳动问题报告No.20》，北京：社会科学文献出版社，2019年版。

需要“一间房”来满足其租赁需求；对于带子女举家迁移，需要“一小套房”满足其租赁需求，经济实用的“一居室”会成为首选；对于携老迁移，需要一大套房（两居室甚至三居室）才能满足其租赁需求（见表4）。随着收入提高与生活方式的改变，租赁住房人口呈现举家迁移甚至携老迁移新趋势。早在2015年，近九成的已婚新生代流动人口就是夫妻双方一起流动，与配偶、子女共同流动的约占60%。越来越多的流动人口家庭选择带父母外出。

表4　　人口流动与租赁需求变化趋势

发展阶段	人口流动	最低租赁需求
第一阶段	单个个体外出	一张床
第二阶段	夫妻共同流动	一间房
第三阶段	核心家庭化流动	一小套房（一居室为主）
第四阶段	扩展的核心家庭化流动	一大套房（两居室、三居室）

资料来源：课题组整理。

家庭小型化趋向带来更多小户型租赁住房需求。2000年全国家庭户规模为3.55人，2020年已经下降至2.62人，北京、上海等大城市家庭户在2.5人以下。具有独立经济能力的老人和子女分开居住的比例不断提高，单身的成年人也越来越多，未来家庭结构还会持续缩小。家庭小型化、多样化趋势对租赁住房的户型结构提出新要求。在租赁住房方面，应当充分考虑小规模家庭对住房空间、设施配套和物业服务等方面的独特要求，在对存量住房结构分析的基础上，适度增加符合小规模家庭生活需要的租赁住房供应。

此外，居家办公、养老、度假休闲等生活方式也催生了新的租房模式。互联网通信技术的发展，以及5G时代的到来都带来大量居家办公就业者。伴随着人口老龄化进程的加快，失能、高龄、空巢和独居等养老服务重点对象将大幅增加，养老型租赁住宅成为新增长点。旅游业的发展促进了度假型租赁住房发展。租赁住房已经不能只满足基本的居住功能，未来租赁住房发展需要走向多元化和复合化。

（二）新趋势

展望未来，随着人口总量、结构和流向的趋势性变化，住房租赁需求将呈现新的特点，而供给结构也将呈现新的特征。

1. 城镇家庭租赁住房需求总量“十四五”期间将小幅增长，“十四五”之后需求总量将基本保持稳定

课题组基于“六普”和“七普”人口数据，结合历年抽样调查人口出生率和死亡率数据，估计了我国2025年、2030年和2035年的人口总量和结构。在此基础上，课题组采用联合国对中国城镇化率的预测结果[①]，结合户主率法[②]，估算出2025年、2030年和2035年我国城镇家庭将分别有3.4亿户、3.7亿户和3.8亿户[③]，有租赁需求的分别为6797万户、7028万户和7101万户。“十四五”和“十五五”期间，我国城镇有租赁需求的家庭将分别增加约260万户和230万户，“十六五”期间仅增加约70万户（见表5）。集体户租赁需求方面，由于进城农民工数量自2019年以后已开始减少，且平均年龄不断增长，预计到2035年进城农民工的租赁住房需求也将明显减少。

---

① 据联合国World Urbanization Prospects测算，2025年、2030年和2035年中国常住人口城镇化率分别为66.5%、70.6%和73.9%。

② “户主率法”假设不同年龄段成为户主的居民的比例保持不变，从而根据不同年龄段人口数量计算出不同年龄段户主的家庭数量，进而求出家庭总数。

③ 2020—2035年，不同出生率仅影响年龄在15岁以下的人口数量，而该年龄段人口成为户主的比例很低，因此出生率对家庭总数的影响不大。

表5 各年龄段家庭住房租赁需求预测 单位：万户

	2025年	2030年	2035年
<25岁	424	476	518
25～30岁	605	608	677
31～35岁	886	705	697
36～40岁	1170	972	762
41～45岁	926	1239	1014
46～50岁	691	761	1003
51～55岁	619	539	585
56～60岁	509	508	436
61～65岁	332	412	405
>65岁	635	809	1004
总计	6797	7028	7101

资料来源：课题组测算。

2. 年轻人租赁需求增长空间有限，而增加适合中老年家庭需求的租赁住房更为迫切

据课题组测算，“十四五”期间，我国20～29岁的人口将从1.7亿人下降到1.5亿人，有租赁需求的25～30岁年轻家庭将减少约115万户。因此不宜在全国范围内大量新建供给年轻人的租赁住房。据课题组测算，随着我国人口老龄化不断加剧，到2035年，即使在高生育率情景下，65岁以上的老年人口占比也将提升至22%以上，“十四五”“十五五”“十六五”期间65岁以上有租赁需求的老龄家庭将分别增加约110万户、170万户和200万户。适合老龄化人口居住习惯、有养老配套设施的租赁住房，在未来需求可能更为迫切。

3. 租赁供给机构化占比将持续提升，租赁服务专业化、产品多元化趋势将愈加明显

根据国际经验，机构化租赁是成熟的住房租赁市场的重要组成部分，例如德国地方政府和社会公共部门（如德国联邦铁路局）旗下的公共住房公司共持有13%的租赁住房，其他机构化房东持有租赁住房占比合计为23%，对租赁市场形成良好补充。目前我国规模化租赁机构在住房租赁市场的占有率不到5%，远低于美日等发达国家的平均水平。预计未来我国规模化租赁机构占比会有较大提升空间。由于我国住房租赁需求差异化明显，规模化租赁机构的发展有利于引导形成多层次多品种住房租赁供应体系，不断拓宽租赁住房供应类型，满足不同年龄阶段、不同生活方式人群的住房需求，包括面向老年人的康养住宅，面向创业青年、新毕业大学生的loft公寓、长租公寓等，并通过租赁服务的专业化，提升租房者的居住体验，形成需求牵引供给、供给创造需求的更高水平的动态平衡，更好满足不同类型的租住需求。

4. 租赁秩序有望渐进式好转

随着租赁住房法律法规建设不断加快，租赁住房的相关管理规章及其细则陆续出台，未来租客和房东的合法权益将得到进一步保护，形成法律约束力，使租赁市场监管有法可依。随着对租赁市场主体监督机制的完善，租赁机构将更加重视房地产经纪专业人员职业资格，持续规范租赁市场秩序。

（三）新要求

在落实“房住不炒”、推进“租购并举”的租赁住房发展新阶段，租赁住房相关政策也面临新要求。对城市来说，租赁住房是解决大城市住房

短缺问题的重要一环；对居民来说，租赁住房是实现更高水平住有所居的重要组成部分；对行业来说，租赁住房是房地产业转型升级的重要方向；对改革来说，租赁住房是践行新发展理念的重要载体。

1. 租赁住房是解决好大城市住房突出问题的重要一环

2020年中央经济工作会议提出，要解决好大城市住房突出问题。在新型城镇化进程中，农村转移人口、新就业大学毕业生等新市民群体的住房问题还有待进一步解决。目前，我国部分热点城市房价过高，住房突出问题导致劳动力等要素成本上升，对提升城市竞争力带来负面冲击，也抑制了城镇居民特别是新市民的消费潜力。通过加快补齐租赁住房短板，构建租购并举住房制度，逐步提升居住品质，并使房价和租金总体稳定在与居民收入相适应、与城市竞争力相匹配的水平，有利于解决好新市民、青年人特别是从事基本公共服务人员等住房群体的住房问题，有效降低城市和经济运行成本，从而激发居民消费潜力。

2. 租赁住房是实现更高水平住有所居的重要组成部分

党和国家高度重视住房问题，将"让全体人民住有所居"作为住房发展的核心目标。新市民主要租住在城中村等地，安全隐患大、居住环境差，与"住有所居"的目标存在较大差距。为进一步满足新市民等城镇居民的美好居住需要，实现共同富裕，应通过老旧小区改造、整治"城中村"环境以及完善配套设施等，进一步提升租赁住房的居住品质，实现从"有得租"向"租得好"的转变。

3. 租赁住房是实现房地产业转型升级的重要方向

我国房地产行业大规模开发建设的阶段已基本结束，正逐步转向更加注重提质增效的阶段，房地产企业多元化转型势在必行。2020年中央经济工作会议提出要推动房地产开发企业转型发展，促进城市开发建设方式转变；2021 年又提出要探索新的发展模式。从转型情况看，一些企业热衷于搞金融、保险等业务，跟房地产上下游行业关联度低。构建租购并举住房制度，发展租赁市场，为房地产企业转型发展提供了新的机遇。随着租赁市场的发展，房地产企业可以逐步从新房开发为主转为新房开发和自持运营并重，把发展住房租赁业务作为多元化转型与高质量发展的方向之一。

4. 租赁住房是积极践行新发展理念的重要载体

进入高质量发展阶段，未来租赁住房发展需要更加重视并积极践行新发展理念。一是践行创新发展，通过优化体制机制和相关政策，弥补现有制度缺陷，促使租赁住房更好地回归支持民生的属性；二是践行协调发展，解决好租售“两条腿”走路的问题，协调好与土地、金融、财税等方面政策的关系，协调好利用存量与适度新建的关系，协调好市场主导与政府托底和引导的关系，更好地发挥合力作用；三是践行开放发展，大城市外来人口多、租赁住房需求旺盛，需要充分调动市场机构的积极性，健康的住房租赁市场也是支持要素在城市之间有序流动的必要条件；四是践行共享发展，推进租购同权，让承租人更好地共享应得的公共服务权益；五是践行绿色发展，提倡环保简约装修等绿色租赁理念，结合新技术新材料推广老旧小区改造等，推进租赁住房资源节约。

5. 租赁住房是实现全生命周期住房需求顺畅转换的关键一环

在居民全生命周期的不同时期，居住需求差异明显，相应的主要解决方式也不同。拥有住房的需求几乎是刚性的，首次置业和改善性需求无疑是居民全生命周期中最为核心的需求，如果有条件，绝大部分居民都想拥有一套自己的住房。抛开文化、习俗等因素，制约人们购房的最大障碍是经济因素，而租赁住房主要是解决临时性、过渡性、阶段性的居住需求。以美国为例，27 岁以下主要是租赁需求；27 ~ 37 岁则主要是首次置业需求，从租赁转向购房；再经过一段时间的积累，购买力进一步提高后就从“住有所居”转向“住有宜居”，改善性需求集中释放；45 岁以后需要应对度假及养老需求（见图 7、图 8）。

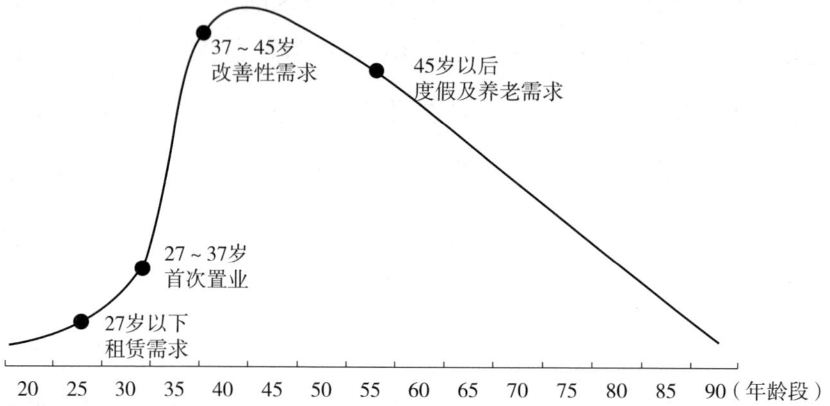

图7 住房需求全生命周期

资料来源：课题组整理。

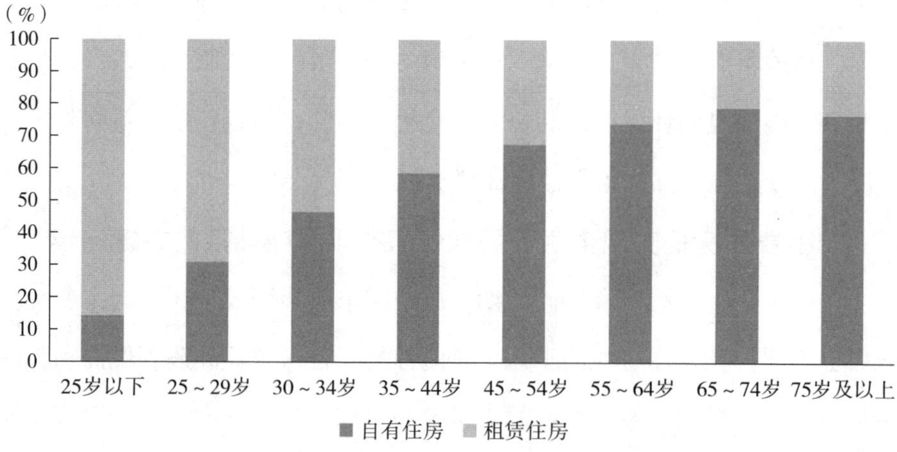

图8 美国不同年龄段户主住房类型分布（2019年）

资料来源：课题组整理。

中国家庭金融调查（CHFS）显示，我国不同年龄段居民的住房自有率呈现出较为明显的差异。在北京、上海、深圳三大一线城市，户主年龄在35岁以下的居民家庭住房自有率为59.88%，户主年龄在35岁以上的居民家庭，住房自有率上升到80%以上；其他城市户主年龄在35岁以下的居民家庭住房自有率为76.98%，户主年龄在35岁以上的居民家庭住房自有率超过87%（见图9）。以上分析表明，35岁是住房自有率变化的一个较为明显的分界点，35岁以下住房自有率较低，人口净流入的一线城市显著低于其他城市，租赁需求较为旺盛；35岁以上住房自有率将随着居民“从租转购”而明显上升，人口净流入的一线城市上升幅度更大。

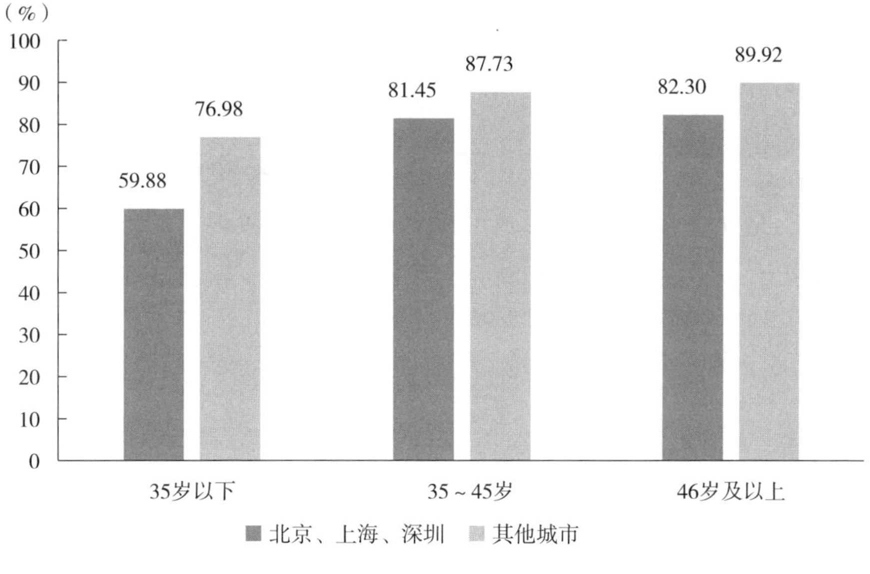

图9　2011年不同年龄段户主住房自有率

资料来源：中国家庭金融调查（CHFS）数据。

总体来看，在居民全生命周期中，租赁住房是不可或缺的一环。特别是在35岁之前，租赁住房是低成本地满足青年人灵活居住需求的首选。

提供多样化的租赁住房产品，提升租赁住房品质，将有助于不断提升租赁人群的获得感。

五、促进我国租赁住房发展的思路、原则和重点

（一）总体思路

进入新发展阶段，积极推进租赁住房发展，完善“租购并举”的住房制度，是实现“住有所居”目标的重要举措。租赁住房发展要在准确把握租赁群体的需求特征和发展趋势基础上，以持续提升租赁品质、更好满足人民群众美好居住需求为导向，以人口净流入的大城市为重点，以盘活存量房屋为主要方式，以深化供给侧结构性改革为动力，以践行新发展理念为引领，坚持因城施策，坚持问题导向和目标导向相结合，坚持发挥好政府引导作用和市场主体的积极作用，加强政策协调，解决好租赁住房发展不平衡不充分的问题，推动形成可持续的租赁住房发展模式，实现租购并举、梯次消费、梯度改善，促进租赁住房健康发展，更好满足居民全生命周期的住房需求。

（二）基本原则

坚持民生优先。租赁住房发展要坚持以人民为中心的发展思想，以保障和改善民生为优先选择，充分发挥租赁住房在住房阶梯中的基础性作用，满足城镇居民基本住房需求和合理改善需求，增强人民群众的获得感和幸福感。

坚持市场机制。充分发挥市场在租赁住房资源配置中的决定性作用。特别是在人口净流入量大的城市，要充分调动社会力量，通过积极盘活存

量住房、利用闲置工商业物业改建和在集体土地上新建等多种方式，增加租赁住房供应，通过市场满足多层次租住需求，真正形成可持续的租赁住房发展模式。

坚持高质量发展。租赁住房发展导向要从简单追求数量、速度转向坚持质量为先、绿色智慧、配套合理、服务提升，让城镇居民特别是新市民不仅“租得到、租得起”，还能“租得近、租得稳、租得好”。

坚持综合施策。综合运用规划、土地、金融、财税等政策工具和必要的行政措施，优化租赁住房供应规模和结构，适当降低租赁群体负担，实现更高水平的供求动态平衡。

（三）发展重点

我国已经进入高质量发展阶段，租赁住房发展既要立足当前，重点解决当前面临的品质不高、结构错配、市场秩序失范等问题；更要着眼长远，践行新发展理念，更好满足人民群众对美好居住的需求。

一是适度增加租赁住房有效供应，优化供给结构。发挥好公租房对低收入人群的兜底作用，保障性租赁住房覆盖适度、运营高效、成熟定型，保障范围和水平与社会经济发展阶段相匹配；市场化租赁住房满足居民更多元化的租赁需求。以人口净流入、住房仍短缺的大城市为主，通过盘活存量住房、利用闲置物业改建租赁房和集体土地建设租赁房等多种方式增加有效供应，解决好少数城市总量仍短缺的问题。针对部分城市“小户型、低租金”租赁住房供不应求的问题，通过优化租赁住房供应结构，鼓励在交通便利的区位改造和部分新建租赁住房等方式，缓解租赁市场结构性供需矛盾，降低租住家庭的租金负担。

二是持续改善租住品质。针对租赁住房品质差的突出问题，以城市更新为抓手，着力提升老旧小区和城中村房屋及相关基础设施和公共服务质量，持续改善存量租赁住房的居住品质。培育专业化机构化住房租赁企业，给予自持物业的住房租赁企业支持，提升租赁住房整体服务水平。发挥专业租赁机构在整合盘活社区资源、共建共享服务设施和公共空间，提供高品质租赁住房方面的示范带动作用，带动个人业主提升租赁房源品质。新建、改造的租赁住房要更加注重品质追求、创新引领、科技赋能，进一步满足多层次、功能性、品质化的租住需求。

三是形成可持续的租赁住房发展模式。要通过合理的制度、政策设计，发挥好政府和市场两个主体的积极作用，推动形成可持续的租赁住房发展模式，实现租赁住房健康发展与良性循环。

四是规范住房租赁市场秩序。健全和落实各项管理制度，维护当事人合法权益，让租赁活动更加规范、租赁关系更加稳定。规范和发展专业化机构化住房租赁企业，加强住房租赁市场监管，使套取住房租赁消费贷款、“高进低出”“长收短付”等经营乱象得到有效遏制。

五是构建可预期、可流动、可持续的住房阶梯。动态适应人口年龄结构、收入、流向和家庭规模等条件变化带来的居住需求变化，在发展租赁住房的过程中，更加重视满足居民在租赁阶段不同的需求以及“由租转购”的转换需求，推动城镇居民从保障到市场、从租到购、从小到大实现住房梯度改善，逐步构建起可预期、可流动、可持续的住房阶梯，更好满足居民全生命周期的住房需求。

六、政策建议

2016 年以来，促进租赁住房发展的政策密集出台，并取得了相应成效。新阶段，要在把握好租赁住房发展特征、主要矛盾和发展趋势基础上，在政策层面更加重视提升租赁群体支付能力、持续改善租赁品质、规范市场秩序和形成可持续的租赁住房发展模式，进一步完善财税、金融、土地、规划、市场监管等政策，构建促进租赁住房更好发展的政策框架，以更好地满足居民的美好居住需要。

（一）优化财政资金使用方式和重点，提升租赁支付能力，更好引导租赁供给

针对现阶段租赁住房可利用的存量房源多但品质差和供需结构不匹配的主要矛盾，建议充分发挥财政资金“四两拨千斤”的引导作用，从“补砖头”为主向“补砖头”“补人头”“促升级”并重转变，重点提升新市民、青年人等群体的住房租赁支付能力，完善租赁住房配套设施，发展绿色租赁住房，促进形成需求引领供给、供给带动需求的良性循环。

一是提高财政资金中用于租房补贴的比例，探索为新市民等群体发放租房券。基于大多数城市住房总量充裕的实际情况，建议借鉴美国等国家的做法，为新市民等群体发放租房券。发放租房券不仅可以最大限度调动城市的存量房源，也把租赁的选择权赋予租户，有利于提升租户的满意度，还可以降低实物配租方式带来的后续管理等成本。租房券的发放对象主要是住房困难的新市民。申请租房券的新市民家庭收入应低于所在城市三口之家平均可支配收入的50%。租住符合质量和安全要求的任何住房均可使用租房券。与房东达成协议后，申请者可选择区域内符合特定的质量、面积和安全标准的任何住房。租金补贴直接支付给房东，数额为家庭可负担的合理租金上限与“支付标准”间的差额。建议根据不同城市不同区域的平均租金水平和申请者收入水平进行分档补贴，以弥补申请者合理

住房开支（家庭收入的30%）与支付标准（当地60平方米市场化租赁住房的平均租金）间的差额。为确保租房券补贴专款专用，这一差额应直接支付给房东，且租赁双方需要签订正式的租赁合同并进行备案。

二是财政资金支持新建和改建租赁住房要更加重视优化租赁住房供应结构。新建、改建的租赁住房要以现有存量房屋中短缺的高品质、低成本的小户型为主，重点满足新就业职工的阶段性需求。要充分认识到居民居住需求是随年龄、收入、家庭规模等条件的变化不断变化的，新就业职工工作一定年限后随收入水平的提高会选择租住或购买条件更好的住房，后续的租住或购房需求主要依靠规范化、多元化的住房市场解决。通过财政资金支持新建、改建租赁住房，优化租赁住房供应结构，将有利于补齐现有住房供应中的短板，构建更好满足居民全生命周期住房需求的供应体系。

三是加大财政资金在存量房源公共基础设施改造等方面的支持力度。存量房源是租赁住房的主要来源。与新建租赁住房相比，存量房源分布广泛，交通、区位条件相对较好，能够差异化地满足新市民群体对通勤、餐饮、社交等的配套需求。建议加大财政资金对存量房源基础设施和配套服务的支持力度，撬动城中村改造等城市更新活动，完善城中村租赁住房的配套基础设施，增加高品质租赁住房供给。由于产权和出租收益归属不明晰或担忧国有资产流失等种种顾虑，不少政府直管公房、富余安置房、企事业单位自管住房等可租赁房源处于闲置状态。建议鼓励地方政府利用财政资金完善相关基础设施，将闲置公房盘活、提质，推向市场，优先租赁给为城市提供基本公共服务的人员，如公交车司机、环卫工人等。鼓励企事业单位将富余房源交给专业化的租赁运营机构，面向市场出租。根据企事业单位解决新市民住房困难的实际情况，予以其适当财政补贴。

四是以财政资金支持引导绿色租赁住房发展。在人口净流入的大城市，能源相关费用在新市民住房支出中占比不低，通过财税支持引导绿色租赁住房发展不仅有利于实现住房领域绿色发展，而且可有效降低新市民群体租住的能耗负担。建议在财政资金支持租赁住房发展中更加重视推广绿色租赁住房发展理念。新建的保障性租赁住房，应全部采用绿色建筑材料与节能家电。通过绿色保障性租赁住房引领全社会绿色租赁住房新时尚。积极支持租赁住房的绿色改造升级。通过财政资源的倾斜鼓励存量住房改造成租赁房时使用绿色节能材料和高能效的水、电、暖设备，通过绿色建筑认证后可在出租时享受相应的税收优惠。在前期试点阶段，可设立绿色租赁住房专项资金，通过补贴，引导房东和新市民参与绿色租赁。对于采用绿色材料、节能家电进行租赁住房改造的参与者，予以相应补贴。

（二）建立可持续的租赁住房金融支持政策

形成可持续的租赁住房发展模式，需要建立可持续的租赁住房金融支持政策。针对租赁住房持有期限长的特点，建议通过中长期贷款、金融债券、租赁住房 REITs 等方式建立可持续的金融支持政策，有效降低租赁住房融资成本。

一是鼓励金融机构发放中长期租赁住房贷款盘活存量房源。鼓励金融机构在风险可控、商业可持续前提下，向租赁住房供应主体提供中长期贷款。上述贷款应主要在租赁需求旺盛的人口净流入大城市发放。对于北京、上海等住房供不应求的城市，中长期贷款支持的重点应是增加租赁房源供应。对于广州、深圳等正规租赁住房（商品房）短缺，但城中村出租屋等非正规租赁房源较为充裕的城市，中长期贷款支持的重点应是提升城中村出租屋的租赁品质。需要指出，中长期贷款应主要用于支持盘活存量房源。如建设银行通过金融支持创造性地开展“存房”业务，盘活了政府、企事业单位和居民的闲置房屋，有效增加了低成本租赁房供应。

二是支持银行业金融机构发行金融债券，募集资金用于租赁住房贷款投放。支持企业发行企业债券、公司债券、非金融企业债务融资工具等公司信用类债券，用于租赁住房建设运营。企业持有的有效运营的租赁住房具有持续稳定现金流的，可将物业抵押作为信用增进，发行住房租赁担保债券。支持商业保险资金按照市场化原则参与租赁住房建设。

三是做好租赁住房 REITs 各项基础制度准备。从未来趋势看，租赁住房 REITs 是金融支持租赁住房发展的重要方向，既可为个人投资者提供投资房地产的机会，也可为租赁住房发展获取有效融资。但从我国当前的国情看，发展租赁住房 REITs 的各项制度条件尚未完全具备，如避免双重征税的制度安排、优质的租赁住房资产、合理的租售比区间、较为完善的资本市场等。立足当前、着眼未来，从完善各项基础制度准备入手，为将来租赁住房 REITs 发展奠定良好的制度基础。完善租赁住房发展的政策支持，培育优质的租赁住房资产，提升租赁住房投资回报率。研究制定针对性的税收安排，明确“税收中性”原则，以避免双重征税为核心，在充分调查研究的基础上进行科学的顶层设计，在设立环节，因资产剥离、重组而导致土地、房屋权属转移的，免征土地增值税和企业所得税等税种，如对物业的转让和转移进行区分、延迟纳税等，结合试点情况不断完善。畅通 REITs 的上市融资渠道，制定 REITs 专属的上市标准，降低投资门槛引入中小投资者，建立集中竞价交易平台增加流动性，充分发挥资本市场价值发现功能。

（三）完善土地、规划政策，丰富租赁住房供应来源

低成本的土地制度与政策安排，是降低租赁住房供应成本、优化租赁

住房供应结构的关键要素之一。建议比照保障性租赁房土地政策，通过灵活的规划，在租赁住房土地来源、用途管制、使用期限等方面进行必要的“松绑”，有效降低土地成本，增加租赁住房供应，优化租赁住房结构。

一是比照保障性租赁住房政策，探索集体土地建设市场化租赁房。支持利用城区、靠近产业园或交通便利区域的集体经营性建设用地建设市场化租赁房。农村集体经济组织可通过自建、联营、入股等方式建设市场化租赁房。建设市场化租赁房的集体经营性建设用地使用权可进行抵押贷款。

二是鼓励企事业单位利用合法取得的土地建设租赁房。在符合规划、权属不变、满足安全要求的前提下，企事业单位依法取得使用权的土地可用于建设租赁房，并变更土地用途，不补缴土地价款，原划拨的土地可继续保留划拨方式；允许土地使用权人自建或与其他市场主体合作建设。所建设租赁房优先满足本单位职工租住需求，富余房源可推向市场出租。

三是提高产业园区居住用地比例上限。比照保障性租赁住房政策，在人口净流入的大城市的产业园区，行政办公、生活服务等配套设施用地比例上限进一步提高到 15% ~ 20%，用于建设宿舍型租赁住房。优先满足产业工人租住，富余房源可推向市场出租。

四是为“工改租”“商改租”提供灵活的土地用途安排。对闲置和低效利用的商业办公、旅馆、厂房、仓储、科研教育等非居住房屋，在符合规划、权属不变、满足安全要求的前提下，鼓励其改建为租赁住房。用作租赁住房期间，可不变更土地使用性质，不补缴土地价款，并允许适当调整容积率，为改建主体提供必要的激励。

（四）降低租赁住房税费、能耗负担

税费负担重已成为制约住房租赁市场发展的重要因素。无论是向租赁企业征收的税费，还是向个人房东征收的税费，就税收归宿而言都将最终转嫁到租客身上。水电气热等能耗负担也是住房租赁支出的重要部分。降低租赁住房税费和能耗负担，可有效提高新市民、青年人等租赁群体的住房支付能力，为需求引导供给创造更好的条件。

一是以降低房产税为切入点减轻租赁企业相关税费。为切实降低房产税税率，建议各地出台租金指导价，为税务部门提供清晰依据，同时明确实际用途改为租赁住房、用于个人租住（不论租赁合同是与企业签订还是与个人签订）且经过备案的，不论规划用途是商业、办公还是工业，房产税均执行 4% 的优惠税率。

二是对个人出租住房按照不高于 1% 的税率进行综合征收。租赁住房试点城市可根据本地实际进一步降低税负水平，引导个人将多余住房用于出租。推广"南京实践"，对出租价格不高于政府租金指导价且在政府租赁平台上签约、备案的，一定时期内可规定综合税率为 0。

三是加快落实水电气热价格执行居民生活类标准的政策。以部门证明作为执行依据，落实改建类租赁住房水电气热价格执行居民生活类标准。具体做法是，地方住建部门在调查备案后，向工业、商业用房改建后作为租赁住房项目出具相关证明文件，只要确实用于居住用途的，水电气热等公共事业专营机构就可按居民生活类标准进行收取。

（五）完善租赁立法，加强政策协调和租赁监管

通过完善租赁立法、加强政策协调和租赁监管，构建租赁住房发展的规则框架，保障市场参与各方的合法权益，为市场主体积极参与租赁住房

发展提供稳定预期。

一是完善租赁相关立法，形成法律约束力。不断完善租赁住房法律法规建设，加快推进出台“住房租赁条例”，通过立法明确租赁当事人权利和义务，逐步使租房居民在基本公共服务方面与买房居民享有同等待遇，逐步实现“租购同权”。研究出台政策性租赁住房管理细则，保护租客和房东的合法权益，形成法律约束力，使租房市场监管有法可依。

二是加强政策统筹协调，更好地形成政策合力。做好租赁政策理念和需求引导，通过推进基本公共服务均等化，让“租挺好”理念深入人心。加强不同部门的政策协调，确保租房群体能够享受到与购房群体同等质量的基本公共服务。充分考虑租住实际需要以及不同房源的差异化特征，各部门统筹协调制定差异化的租赁住房设计标准，在停车位配比、日照等方面根据实际需要适当放宽设计标准。出台改建类租赁房消防标准和实施细则。探索改建类租赁住房“一站式”审批，由住建部门为租赁企业统一协调各相关职能部门。尽快明确保障性租赁房与长租房的界定标准与优惠政策适用边界，为市场主体发展长租房提供稳定的政策预期，防止政策过度向保障性租赁房倾斜而影响市场主体发展长租房的积极性。

三是加强市场监管，保障租赁双方权益。在坚持市场机制在发展租赁市场中的基础性地位的同时，要更好发挥政府在制定相关法规、健全监测体系、完善监管手段等方面的作用，全面强化住房租赁领域的竞争政策基础地位，健全住房租赁行业准入、事中事后监管、社会信用体系和激励惩戒、商事登记等制度，构建规范化、智能化、便民化的租赁住房服务平台，构筑租赁市场持续健康发展的“四梁八柱”。提高租赁市场监管的数字化水平，加强房管、公安等部门的数据联动，整合房源信息、租赁合同备案信息、流动人口信息，摸清租赁住房底数，研究编制租赁住房价格指数，构建“城市租赁需求数据库”，探索建立市场租金水平、租赁住房供需变化等情况的监测机制，对各类租赁需求的变化趋势进行前瞻性研判。对租赁住房进行登记备案，加快搭建住房租赁服务平台，通过租赁平台加强管理服务，减少供求双方信息不对称。进一步整顿和规范租赁市场秩序，加强对中介机构和从业人员管理，加强对各类不正当竞争行为的监管。

（六）因城施策，分类发展

不同城市的租赁住房供需情况差别较大。供需良性互动，需要根据存量住房和租赁需求情况，准确研判供给与需求的匹配情况，特别是具体到不同城市的结构性供需平衡状况。因城施策，分类发展。

一是对住房总量不足，房价、租金均明显偏高的北京、上海等少数城市，应重视增加住房供应总量。特别是鼓励将存量低效利用的工商业物业改建为品质高、面积较小的租赁住房，有效减轻承租人的负担。对深圳、广州等主要依靠城中村出租屋提供租赁住房的城市，宜继续发挥城中村租赁房租金低的优势，加快城中村改造，特别是完善公共配套，提升城中村租住品质。

二是对住房供求总体平衡、租金比较适宜的城市，租赁住房发展重点宜以解决职住平衡和提升居住品质为主。根据市场需求在租赁人口集中的区域适当改建或新建租赁住房，完善老旧小区的基础设施，提升租住品质。

三是对户均住房超过 1.1 套、租金相对较低的城市，宜更加重视通过政策引导等方式盘活存量住房用于租赁。对于新市民和低收入群体，可通过发放租金补贴或租房券等货币化方式解决住房困难。

（七）着力构建可持续、可预期的住房阶梯

需要从满足居民全生命周期住房需求出发，既解决好人生特定阶段的租赁需求，也要进一步完善相关政策，满足居民从租到购的转换需求。

一是完善租赁住房保障体系。要以公租房、保障性租赁住房和共有产权住房为主体进一步完善住房保障体系，优化保障方式，使基本住房需求得到有效保障。

二是要进一步健全住房市场体系。研究建立首次置业支持政策、降低换购住房税费负担等，确保居民能够随着收入和家庭规模等条件的变化持续顺畅地改善居住条件，实现更高水平的“住有所居”。

三是适时打通保障体系和市场体系。完善共有产权房等保障体系住房上市规定和收益分配机制，允许共有产权房持有一定年限后，在补缴相应土地出让收入和税费后，按有关规定进入市场交易，满足居民向上流动的梯次改善需求。

执笔人：王微　邓郁松　牛三元　王瑞民　金浩然

专题报告一

对 2020 年我国城镇租赁住房存量的基本判断

一、2010 年我国城镇住房规模和结构

根据“六普”数据，全国城市家庭户数为 12866 万户，人口为 34846 万人，无房户比例[①]约为 0.1%；建制镇家庭户数为 7853 万户，人口为 24166 万人，无房户比例约为 0.22%。按全国城市和建制镇家庭人均住房建筑面积分别为 29.02[②]和 31.61 平方米[③]计算，我国 2010 年城镇存量住房面积约为 177.2 亿平方米[④]。套数方面，可根据“六普”中按建成年代分的套均面积指标计算[⑤]（见表 1），我国 2010 年城市住房存量约为 1.2 亿套，建制镇约为 0.7 亿套，总计约 2.0 亿套。截至 2010 年 6 月，全国还有商品住宅待售面积为 10646 万平方米[⑥]（约为 97.6 万套[⑦]）。因此，2010 年我国

① 根据“六普”问卷填写要求，无房户指居无定所的户（如流动人口中那些睡在桥下、公园、车站或睡在运载货物、商品车辆上的人等）。

② 城市人均住房建筑面积根据按教育程度分的126081930户城市家庭数据所得。

③ 建制镇人均住房建筑面积数据根据按教育程度分的75780804户建制镇家庭数据所得。

④ 根据“六普”问卷填写要求，一户有两处或两处以上住房的，如果没有出租或借给其他人居住，要把这几处住房的住房间数和住房面积分别相加，因此面积已经考虑了多套住房和空置情况。

⑤ 根据“六普”问卷填写要求，按建成年代分的套均面积是“本户住房所属建筑的建成时间”，不包含该调查户所有的其他住房，因此可以准确反映套均面积情况。

⑥ 数据来源：国家统计局。

⑦ 套均面积按2005—2010年商品住宅套均面积109.06平方米计算。

城镇存量住房面积约为 178.3 亿平方米（约为 2.0 亿套）。

表1　　“六普”中我国城镇不同年份建成的住宅结构

	1949年以前	1950—1959年	1960—1969年	1970—1979年	1980—1989年	1990—1999年	2000年以后
城市							
户数比例（%）	1.0	0.9	1.4	4.7	18.5	34.4	39.2
面积比例（%）	0.5	0.5	0.8	3.2	15.3	34.7	45.0
套均面积（平方米）	45.8	45.9	49.0	56.5	68.3	83.1	94.7
建制镇							
户数比例（%）	1.2	0.7	1.9	6.4	19.9	34.2	35.7
面积比例（%）	0.8	0.5	1.3	4.4	16.7	35.5	40.9
套均面积（平方米）	68.2	68.7	67.6	72.1	87.5	108.1	119.6

资料来源：国家统计局。

二、2020 年我国城镇住房规模和结构

城镇新增住房量主要由新建住房（包括商品房和保障房）、就地城镇化过程中农民“带房入城”，以及总投资低于固定资产投资统计门槛导致的未纳入统计的新建住房。

（一）2011—2020年城镇新增正规住房

2011—2020 年房屋增量，根据数据来源的不同可以有两种计算方法。

1. 方法一

2011 年以来，城镇新增住房主要是新建商品房和城镇保障性安居工

程。2011—2020 年，全国房地产开发企业住宅竣工套数总计约为 6994.9 万套、73.3 亿平方米（见图 1）。“十二五”期间，全国累计开工建设城镇保障性安居工程 4013 万套，基本建成 2860 万套。[①]“十三五”期间全国棚改累计开工预计超过 2300 万套，基本建成约 2230 万套。课题组将保障性住房套均建筑面积按 60 平方米计算[②]。综上，2011—2020 年我国城镇住房增量约为 1.2 亿套、103.2 亿平方米。但此方法将“基本建成”（即完工）等同于“竣工”[③]。由于本文以竣工面积作为可用住房面积标准，因此新增住房面积可能相对被高估。

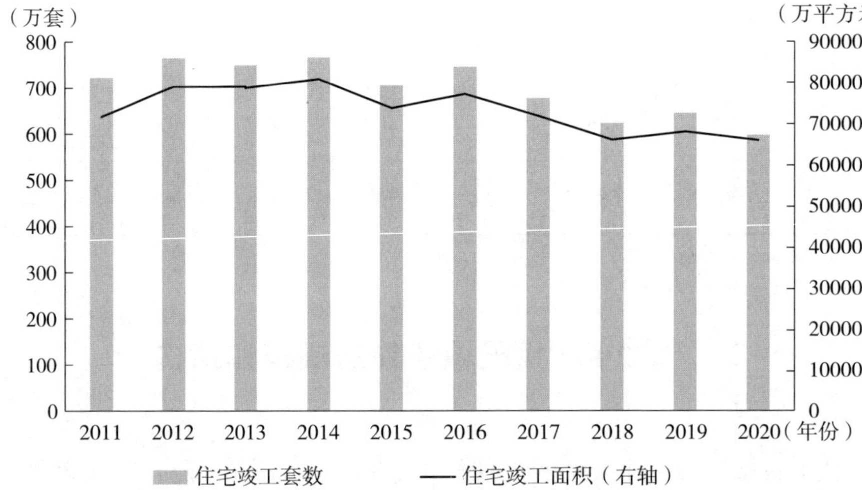

图1 全国房地产开发企业住宅竣工套数和面积（2011—2020年）

资料来源：国家统计局。

① 数据来源：《住房城乡建设事业“十三五”规划纲要》。

② 根据《经济适用住房管理办法》第十五条，经济适用住房单套的建筑面积控制在60平方米左右。各地公租房建设标准不一，重庆要求供2～4人居住的两室一厅面积一般小于等于60平方米，武汉要求单套户型建筑面积控制在60平方米以内，以40平方米小户型为主。棚改房方面，根据《新京报》报道，住建部负责人表示棚改安置标准达到了户均45平方米以上。

③ 基本建成（完工）和竣工的区别：从时间上来说，交工验收在前、竣工验收在后；从验收主体来说，交工验收由项目法人组织进行，而竣工验收应由政府相关建设主管部门、管理机构、质量监督机构、造价管理机构等单位代表组成的竣工验收委员会组织进行。

2. 方法二

根据国家统计局公布的全社会住宅房屋竣工面积数据和农村农户固定资产投资和建房数据，2011—2016 年城镇住宅房屋[①]竣工面积约为 62.5 亿平方米[②]。其中，历年商品住宅占比为 72.5% ~ 78.4%，平均为 74.3%。2017—2020 年，商品住宅竣工面积约为 27.2 亿平方米，可得 2017—2020 年城镇住宅房屋竣工面积约 36.6 亿平方米。2011—2020 年，城镇新建住宅建筑面积约为 99.1 亿平方米。非商品住宅按套均 60 平方米计算，则新建套数为 1.1 亿套。不难看出，方法一相对于方法二明显高估，本文采用方法二结果。

（二）2010—2020年农民“带房入城”的非正规自建房

我国城镇化过程中存在着农村人口不向城市迁移，而是在原有居住地通过发展生产和增加收入、完善基础设施、发展社会事业、提高自身素质和改变生活方式，从而获得城镇户籍的情况。因此，城镇新增住宅数量还有一部分是农民就地城镇化带来的“带房入城”，即自建房直接被计入城镇居民住房。根据对“就地城镇化”农民人数的不同统计口径和数据来源，对农民带房入城量有两种计算方法。

1. 方法一

2014 年政府工作报告提出，引导约 1 亿人在中西部地区就近城镇化。对比“七普”和“六普”数据，中西部 18 个省、自治区、直辖市新增城

---

① 住宅指专供居住的房屋，包括别墅、公寓、职工家属宿舍和集体宿舍（包括职工单身宿舍和学生宿舍）等，但不包括住宅楼中作为人防用、不住人的地下室等。住宅按照用途可以划分为经济适用房和别墅、高档公寓等。按照户型结构可以划分为90平方米以下住房、144平方米以上住房等。

② 国家统计局全社会房屋竣工面积数据更新至2017年，农村农户固定资产投资和建房数据更新至2016年，城镇住宅竣工面积=全社会住宅房屋竣工面积–农村农户竣工住宅建筑面积。

镇人口约为1.3亿人。假设其中有1亿人实现了就地城镇化，以2010年农村人均住宅面积30.72平方米计算，则农民带房入城使得城镇新增住宅建筑面积约有30.7亿平方米。以每户一套和户均3.3人计算，约新增2994万套城镇住房。

2. 方法二

根据孟延春和谷浩的测算，2000—2010年我国因区域变动带来的就地城镇化比例约为53%[①]。假设2011—2020年就地城镇化比例也维持在该水平，则对比“七普”和“六普”城镇常住人口数据，10年间新增城镇常住人口约2.3亿人。以2010年农村人均住宅面积30.72平方米计算，带房入城约为37.45亿平方米。以每户一套和户均3.3人计算，约新增3684.6万套城镇住房。由于方法二相对精确，课题组采用方法二的估计结果。

（三）2011—2020年新增非正规的商住公寓类房屋

商住两用公寓是在商业办公用地开发的类住宅产品。由于商业办公产品去化周期长，开发商通过建设公寓式办公产品的方式加快销售回款。商住两用公寓通常不限购，价格比住宅更低，区位较好，但首付比例较高，不能使用公积金贷款，缺少学位等配套，水电也多为商业价格，导致居住成本较高。许多没有购房资格或者支付能力较差的购房者会购买公寓居住，或者购买后出租以进行投资。公寓类产品在我国处于灰色地带，已经历了多轮整顿，例如2017年上海市发布《关于开展商业办公项目清理整顿工作的意见》（沪建房管联〔2017〕400号），停止公寓式办公项目审批，并对未上市销售的项目进行整改，恢复商业办公功能。商住公寓在全国仍

① 孟延春、谷浩：“中国四大板块区域城镇化路径分析：以县（市）行政区划调整为例”，《城市发展研究》，2017，24（10）：54–60。

有较大的存量，承担了相当一部分居住特别是租住功能，一些长租房企业也基于此类产品开发长租房。但是，由于商住公寓多是开发企业擅自改变规划用途、违规建设形成的，后期也存在大量改建行为，极难进行统计。课题组通过两种方法对我国城镇商住公寓存量进行大致估算。

1. 方法一

根据课题组对业内专家访谈结果，估计有 60% ~ 70% 的办公类建筑面积是公寓类产品。2011—2020 年，我国累计竣工办公楼约为 3.2 亿平方米，预计建成的商住公寓约 1.9 亿平方米。由于商住公寓多为小户型，假设套均为 70 平方米，则存量商住公寓约有 277.1 万套。

2. 方法二

各大中介平台是存量商品房流转的重要渠道，从平台挂牌的住宅和商住公寓的比例可以大致估算出商住公寓的存量。目前较大的在线中介平台有贝壳找房、我爱我家、安居客等。课题组选取 2021 年 12 月 31 日当天，贝壳找房和我爱我家网站挂牌房源情况进行估算。由于各大房产平台房源展示以城市为基础，课题组在国家统计局进行住宅销售价格调查的 70 个城市中，分一线、二线和三线城市，用分层随机抽样的方式选取 18 个城市，即 1 个一线城市、8 个二线城市和 9 个三线城市，计算这些城市挂牌房源中商住公寓和普通商品住宅的比例（见表 2）。可得商住公寓套数约为普通商品住宅的 3.11%。2011—2020 年，全国房地产开发企业住宅竣工套数总计约为 6994.9 万套，按比例计算商住公寓约为 217.9 万套，按套均 70 平方米计算，存量面积约 1.5 亿平方米。课题组保守估计，取相对较小的方法二结果。

表2　　中介平台挂牌销售住宅和商住公寓套数

城市	贝壳找房		商住公寓占比（%）
	普通住宅（套）	商住公寓（套）	
北京	58165	4955	8.52
太原	30566	309	1.01
呼和浩特	40530	659	1.63
南京	88591	608	0.69
合肥	72291	2234	3.09
青岛	62497	2995	4.79
武汉	104676	2981	2.85
南宁	35780	223	0.62
西安	87550	5415	6.19
无锡	34090	1079	3.17
济宁	15934	265	1.66
赣州	20944	430	2.05
惠州	53199	335	0.63
泉州	13370	1435	10.73
徐州	27945	269	0.96
洛阳	21274	1143	5.37
唐山	36436	110	0.30
桂林	17041	125	0.73
平均	—	—	3.11

注：贝壳找房在售房源可以区分普通住宅和商业类，该方法不足之处是平台覆盖城市数量和城市房源有限，且许多商住公寓不通过该中介渠道销售。

资料来源：贝壳找房，时间节点为2021年12月31日。

（四）2011—2020年未纳入统计的新增非正规住房

国家统计局全社会住宅竣工面积数据存在一定程度的漏算，即固定资产投资小于50万元（2010年及以前）和小于500万元的（2011年及以后）住宅（多是自建房、小产权房）项目未计入。根据数据来源不同，计算未纳入统计的住房量有两种方法。

1. 方法一

根据“五普”数据，我国城镇居民人均住宅建筑面积为20.3平方米。对比“六普”数据，2001—2010年，我国城镇住宅面积增量应为85.8亿平方米。按照王桂新[①]的方法测算，2001—2010年我国因区域变动带来的就地城镇化比例约为31.8%，以此估算2001—2010年间农民带房入城量约为15.4亿平方米（约1825.3万套）。此外，还需考虑因拆迁等灭失的房屋数量。据黄敬婷和吴璟[②]测算，2001—2010年，我国住房拆迁总量约为23.5亿平方米（约3320.6万套）。因此，2001—2010年我国城镇实际新建住宅量[③]约为93.91亿平方米。但是，国家统计局公布的城镇住宅竣工面积约为71.6亿平方米，即有约22.3亿平方米的新建住房未纳入统计，占实际新建面积的23.8%。

2. 方法二

根据2006年原建设部公布的《2005年城镇房屋概况统计公报》，2005年，我国城镇住宅建筑面积为107.7亿平方米，城镇人均住宅建筑面积为26.1平方米，城镇户均住宅建筑面积为83.2平方米，户均成套住宅套数为0.9套。全国城镇成套住宅建筑面积为86.8亿平方米，住宅成套率为80.6%。对比“六普”数据，2006—2010年，我国城镇住宅面积增量应为69.6亿平方米。按照就地城镇化比例31.8%，可估算2006—2010年农民

---

① 王桂新、黄祖宇：“中国城市人口增长来源构成及其对城市化的贡献：1991～2010”，《中国人口科学》，2014（02）：2-16+126。

② 黄敬婷、吴璟：“中国城镇住房拆除规模及其影响因素研究”，《统计研究》，2016（9）：30-35。

③ 新建住宅量=住宅面积增量+拆除灭失量-农民带房入城量。

带房入城量约为10.2亿平方米（约836.8万套）。此外，还需考虑因拆迁等灭失的房屋数量。据黄敬婷和吴璟计算[①]，2001—2010年，我国住房拆迁总量约为3320.6万套，按折半计算，2006—2010年约拆除11.8亿平方米（约1660.3万套）。因此，2006—2010年我国城镇实际新建住宅量[②]约为71.1亿平方米。但是，国家统计局公布的城镇住宅竣工面积约为36.41亿平方米，即有34.7亿平方米的新建住房未纳入统计，占实际新建面积的48.8%。

对比方法一和方法二，方法二明显高估。假设2011—2020年未纳入统计的新建住房面积占比与2001—2010年相同，以方法一23.8%的比例测算，2011—2020年我国城镇新增住宅建筑面积约为99.1亿平方米，未纳入统计的面积可能达30.9亿平方米。按与商品住宅相同的套均107.6平方米计算，约有2869.8万套。

根据以上四个部分（新建正规住房、农民带房入城、商住公寓类和未纳入统计的非正规住房）的计算，2011—2020年我国城镇新增住房建筑面积约为169.3亿平方米，新增套数约为1.8亿套。

（五）2010—2020年灭失城镇住房规模

存量房屋可能因拆迁、损坏等而灭失。课题组不考虑住房自然损坏，假设城镇住房灭失主要是因为旧房拆迁造成。“十二五”和“十三五”期间，我国棚户区改造新开工[③]分别为4013万套和2366万套，总计6379万套。按照数据来源和假设不同，城镇住房拆迁量有四种计算方法。

---

① 黄敬婷、吴璟：“中国城镇住房拆除规模及其影响因素研究”，《统计研究》，2016（9）：30–35。

② 新建住宅量=住宅面积增量+拆除灭失量–农民带房入城量。

③ 由于拆迁后才能新建，因此计算老旧房屋灭失采用新开工数据。

1. 方法一

假设每年新开工回迁房均已纳入分配计划①，补偿面积置换标准为1∶1.2②，考虑历年货币化安置比例不同（见表3），以每套60平方米和实物补偿户均1套计算，则2011—2020年棚改总拆迁量约为33.8亿平方米、6761万套。

表3　　2011—2020年我国棚改开工和货币化补贴情况

年份	2011	2012	2013	2014	2015	2016	2017	2018	2019	2020
棚改新开工套数（万套）	252^	252^	320	470	601	606	609	626	316	209
货币化安置比例（%）	7.9^	7.9^	7.9	9.0	29.9	48.5	60*	40*	30*	30*

*注：据住建部数据，于2017年后停止公布，某市场团队估计2017年为60%，2018年为40%，2019—2020年为30%。

^注：2011年和2012年缺少数据，因此假设货币化安置比例和2013年相同。2008—2012年我国棚改新开工总量为1260万套，平均每年约252万套。

资料来源：住建部。

2. 方法二

假设棚户区容积率为0.7，新建回迁房容积率为2.5，回迁房面积按每套60平方米，则6379万套回迁房对应的拆迁面积约为10.7亿平方米③。

3. 方法三

据新华网报道，2010年1月13日，国新办新闻发布会透露，全国共有1000多万户家庭居住在各类棚户区。据《新京报》报道，住建部有关负责人表示，截至2012年，我国仍有超过1200万户城镇低收入和少量中

---

① 据报道，有些地方由于选择货币化安置居民比例较高，出现回迁房难以分配问题。随着货币化补贴收紧，回迁房空置现象应有所好转。

② 各地征拆补偿面积标准不同，如深圳为1∶1.2，山东为1∶1.26，通州为1∶1.5，本文按1∶1.2估计。

③ 拆迁面积=城市棚户区户数×城市户均人口×8平方米+镇棚户区户数×镇户均人口×8平方米。

等偏下收入家庭居住在棚户区中。假设该1200万户的人均居住面积为最低部分的人群，人均住房建筑面积为8平方米，则按城镇该面积段户数比例[①]，以城市和建制镇户均2.7人和3.1人计算，则棚户区拆迁建筑面积[②]约为2.7亿平方米。

4. 方法四

按照黄敬婷和吴璟[③]的方法，对比“五普”和“六普”数据，再考虑建筑质量和土地开发强度等因素，计算出不同房龄住宅作为征拆对象的征拆率[④]。根据“六普”数据以及黄敬婷和吴璟计算的征拆率（见表4），可得2011—2020年我国老旧住宅征拆面积约为23.16亿平方米（约2762.38万套）。

表4　“六普”中我国城镇不同年份建成的住宅结构

时间	1949年以前	1950—1959年	1960—1969年	1970—1979年	1980—1989年	1990—1999年	2000年以后
套数（万套）	201.3	161.4	307.1	1038.5	3719.2	6718.4	7406.7
套均面积（平方米）	55.2	53.0	57.6	63.5	75.8	92.4	103.5
拆除比例（%）	34.8	34.8	30.6	22.8	18.4	20.7	3.2
拆除套数（万套）	70.0	56.1	94.0	236.3	684.0	1388.0	234.0
拆除面积（亿平方米）	0.4	0.3	0.5	1.5	5.2	12.8	2.4

资料来源：国家统计局。

① 根据“六普”数据，我国城市人均住房面积8平方米以下的约为1212.6万户，建制镇约为532.7万户，总和大于1200万户。

② 拆迁面积=棚改新开工套数×回迁房单位面积×棚户区容积率/回迁房容积率。

③ 黄敬婷，吴璟：“中国城镇住房拆除规模及其影响因素研究”，《统计研究》，2016（9）：30-35。

④ 根据住房和城乡建设部办公厅《关于棚户区界定标准有关问题的通知》（建办保函〔2014〕535号），纳入棚户区改造的旧住宅区（危旧房）以30年以上的房屋为主，城中村以15年以上的为主。

对比以上四种计算方法，方法一假设每户一套拆迁房，可能导致拆迁套数被明显高估；方法二容积率没有合适参考，误差较大；方法三中有关部门对棚户区居民数量统计差异较大。因此，本文采用方法四的测算结果。2011—2020 年我国老旧住宅征拆面积约为 23.2 亿平方米（约 2762.4 万套）。

（六）2020年我国城镇可租赁住房规模

综合前文的测算结果，根据以下公式：2020 年城镇存量住房规模 = 2010 年城镇存量住房规模 +2011 至 2020 年新增住房量 –2011 至 2020 年灭失住房量，可得 2020 年我国城镇住房存量约为 324.4 亿平方米（约 3.5 亿套）。按照"七普"数据，2020 年我国城镇常住人口家庭约 3.10 亿户，则城镇常住居民家庭户均住房套数约为 1.13 套。对比贝壳等市场机构数据，我国除少数一线城市外，多数城市户均住房套数已基本达到或超过 1.1 套。据"七普"统计，我国城镇家庭住房自有率约为 73.8%，因此从城镇全部 3.5 亿套存量住房中扣除有房家庭自住用房后，可得 2020 年城镇可租赁住房总计约 1.2 亿套，整体已能充分满足 6540 万户城镇租赁家庭和 2000 万户进城农民工的住房需求。

执笔人：牛三元

专题报告二

准确把握我国住房租赁群体规模、特征与变化趋势

租房和购房是城镇居民解决居住需求的两种方式。长期以来，商品房市场发展较快，租赁市场则发展滞后且不规范，租赁品质偏低的问题较为突出，租客获得感总体不高。2017 年党的十九大报告明确提出建立“租购并举”的住房制度。2020 年中央经济工作会议首次将大城市住房问题单列[①]，并强调了发展租赁住房对大城市实现“住有所居”的重要性。“十四五”规划中提出“探索支持利用集体建设用地按照规划建设租赁住房，完善长租房政策，扩大保障性租赁住房供给”。准确把握我国住房租赁群体的规模、特征与变化趋势是发展租赁住房的基础性工作，对于推动租购并举具有重要意义。

一、租赁需求日益向人口持续流入的大城市集中

近年来，人口向珠三角、长三角等大型城市群集聚的趋势日益明显，住房租赁需求也就相对集中在大型城市群中心城市及周边城市。2019 年，

① 既往的中央经济工作会议，谈及房地产，都只是在民生部分用极少字数对房地产定基调。

人口净流入最多的十大城市中（见图 1），珠三角城市群占三个（深圳、广州、佛山），长三角城市群占两个（杭州、宁波），成渝城市群也吸引了较多的人口净流入。

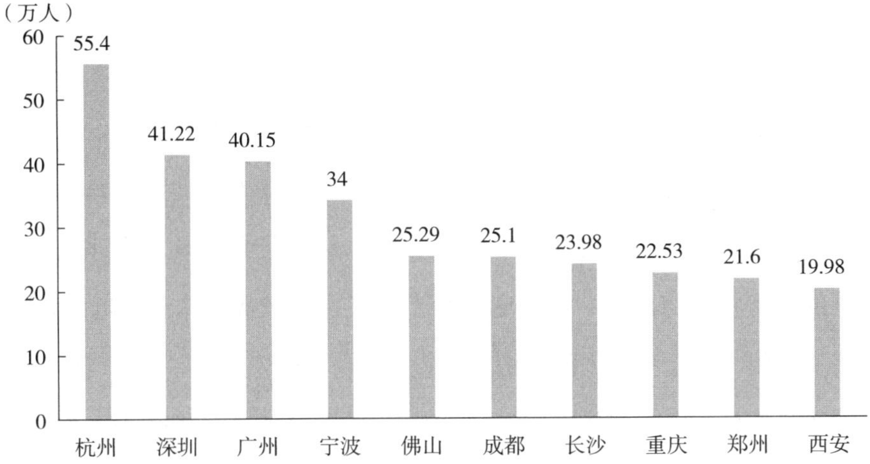

图1　2019年人口净流入前十大城市

资料来源：国家统计局。

大型城市群的核心城市房价畸高，租赁成为新市民解决居住需求的主要方式。2020 年北京、上海、深圳、厦门四个城市的二手房均价超过 4 万元 / 平方米。按照单价 4 万元计算，一套 80 平方米的两居室需要 300 多万元。大城市房价收入比普遍在 10 以上，超出了大部分新市民的住房支付能力，短期内只能租房。因此，人口净流入多的大城市租赁群体规模和比重明显高于中小城市。据“六普”数据，北京、上海和天津租赁住房的家庭户占比分别是全国平均水平的 3.1 倍、3.6 倍和 1.9 倍。分城市看，北京租赁比重为 36%、上海为 40%，最高的深圳为 63.5%，其他城市多在 30% 以内。

二、三类主要租房群体的规模与租金承受力

分租赁群体看，主要有以下三类租赁需求。

（一）进城农民工

进城农民工是我国住房租赁的最大需求群体。2019 年农民工总量达 2.91 亿人，其中进城农民工 1.3 亿人[①]。2018 年，在外地进城农民工中，租房居住的占 61.3%，是我国住房租赁市场的主要需求群体。早期的农民工群体的住房租赁需求以“一张床”为主，工业园区或工作地附近的蓝领公寓提供床位，并配备卫生间、浴室等设施。

跟早期的农民工群体不同，“新生代”[②]农民工举家迁移数量增多，并且对租赁住房品质要求较高，单位或雇主提供的住房（大量是工棚和员工宿舍）很难满足家庭居住需求，以及社交等公共服务需求。此外，随着我国产业结构从制造业为主向服务业为主转变，农民工群体的就业将向服务业集中（见图 2），特别是向吸纳就业较多的生活服务业集中。2019 年，在服务业就业的农民工占比达到 51%。生活服务业大多位于城市中区位较好的地段，雇主提供合意住房的难度较大，农民工通过在市场上租赁住房的需求会持续增长，希望住宿地点距离上班地点近、住房品质较好，且周边能有较多的公共服务设施。

农民工群体的租金承受能力较为有限。根据国家统计局相关数据，农

① 国家统计局：《2019年农民工监测调查报告》。

② 新生代农民工指的是在1980年及之后出生的、进城从事非农业生产6个月及以上的，常住地在城市、户籍地在乡村的劳动力。

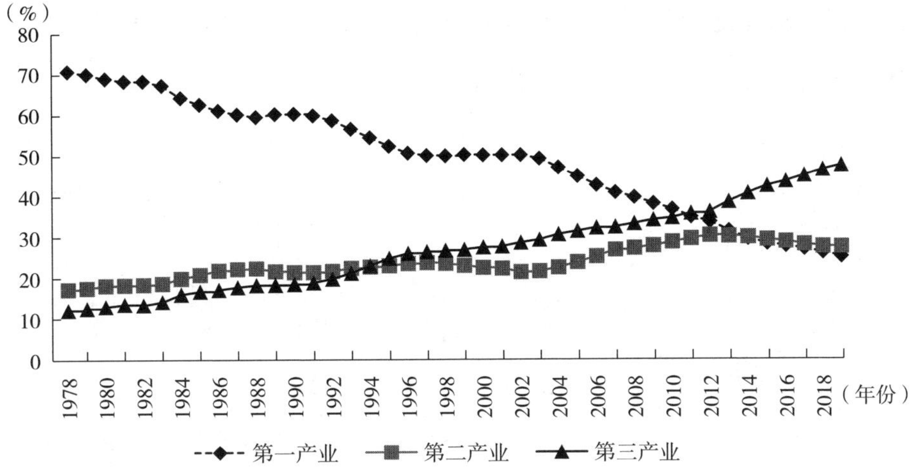

图2　我国的就业结构变动（1978—2018年）

资料来源：国家统计局。

民工月均工资为3962元（2019年水平）。如果是单个个体流动，按照租金不超过收入30%[①]来匡算，合理的租金负担水平上限为1189元/月。每月1189元的租金在北京等一线城市能够租到“一张床”，但难以租到“一间房”，在大部分二线城市可租到“一间房”，在三线及以下城市可以租到“一套房”。如果是举家迁移，且夫妻二人均有工资收入，则相应的租金承受能力将翻番，每月2378元的租金在北京等一线城市可以租到“一间房”，在大部分二线城市可以租到“一套房”。

分行业看，从事交通运输与仓储邮政业的农民工租金承受能力最高，单个个体流动的情形下达到1400元/月，从事住宿餐饮业的农民工租金承受能力最低，仅为987元/月（见图3）。分区域看，东部地区的农民工租金承受能力最强，单个个体流动的情形下达到1267元/月，东北地区的农

① 国际上通常以家庭收入的30%作为住房可负担能力的度量指标，如家庭将收入的30%以上花费在住房上，则被视为承担着过高的住房成本；如果超过50%，则被认为面临严重的住房成本负担。

民工租金承受能力最低，仅为1041元/月（见图4）。但是，租住条件还受到不同区域的租金水平差异的影响。

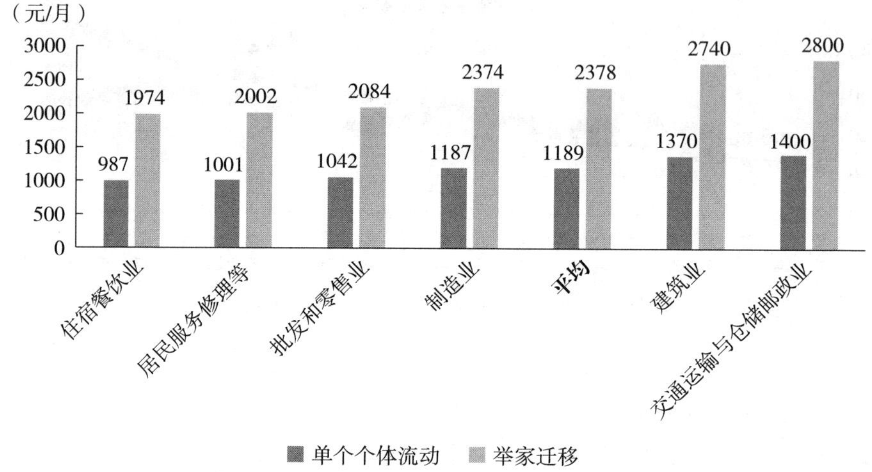

图3 不同行业农民工租金承受能力

资料来源：国家统计局、课题组测算。

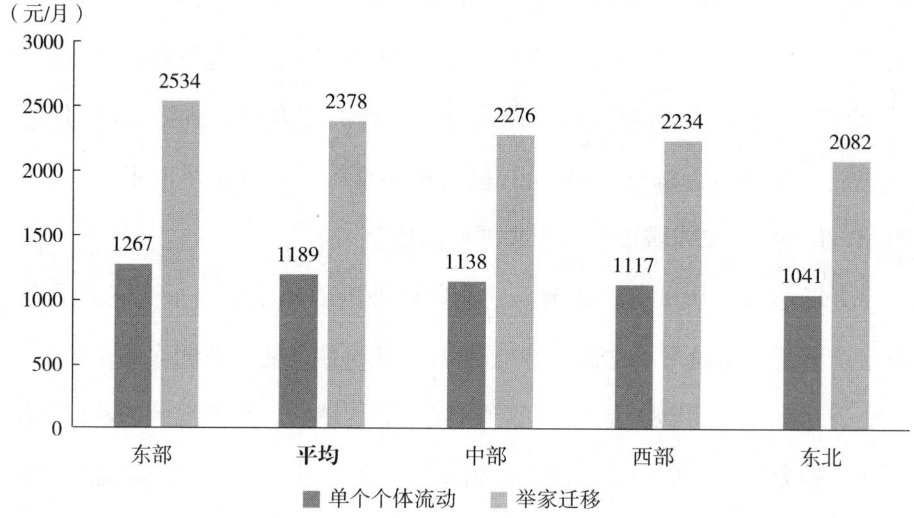

图4 不同区域农民工租金承受能力

资料来源：国家统计局、课题组测算。

（二）新就业大学毕业生

新就业大学毕业生是我国住房租赁的第二大需求群体。2010—2020年全国大学毕业生累计达到7613万人（见图5）。为寻求更好的发展机会，新就业大学毕业生主要选择大中城市就业。在刚工作的阶段，新就业大学毕业生的工资普遍不高，很难短期内实现首次置业，因此通常选择租房。受收入水平限制，新就业大学毕业生对居住面积要求较低、对价格较敏感，但要求有一定的独立空间，一般是选择合租方式或租住改造后的单间，但这类租赁群体对交通、餐饮、购物等配套要求较高，兼有融入职场等社交需求。根据贝壳研究院相关数据，北京等一线城市租房者平均年龄超过35岁，成都等二线城市租房者平均年龄约为32岁。按照22岁大学毕业来算，即使在二线城市就业，平均毕业后10年才能买房。考虑到部分大学毕业生回家乡工作或与父母共同居住，不妨假设80%的大学毕业生进入大中城市就业，意味着过去10年超过6000万大学毕业生进入大中城市住房租赁市场，且每年人数仍在迅速增加。

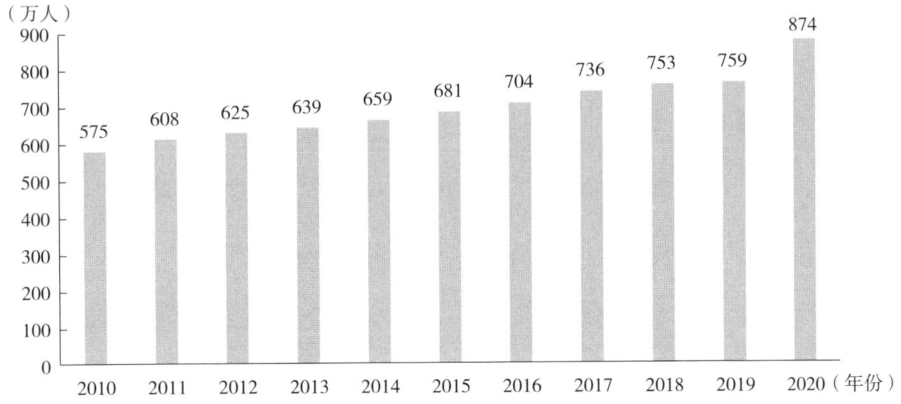

图5　我国普通高校毕业生人数（2010—2020年）

资料来源：国家统计局、教育部。

相比于农民工群体，大学毕业生的租金承受能力相对较高。根据市场机构相关数据，2020 年大学毕业生平均起薪为 5838 元 / 月[①]，按照租金不超过家庭收入 30% 来匡算，在独自居住情形下合理的租金负担水平上限为 1751 元 / 月，在一线城市区位普通地段可租到“一间房”，在大部分二线城市可租到“一小套房”。如果与恋人一起居住，且双方均为大学毕业生，则相应的租金承受能力翻番，达到 3502 元 / 月，在一线城市核心地段可租到“一间房”，在大部分二线城市可租到“一套房”。

分学历来看，研究生租金承受能力最强，在独自居住情形下达到 2774 元 / 月，本科生租金承受能力略高于平均水平，独自居住情形下为 1796 元 / 月，大专生租金承受能力最低，独自居住情形下仅为 1593 元 / 月，但仍显著高于农民工群体的平均租金承受能力（见图 6）。

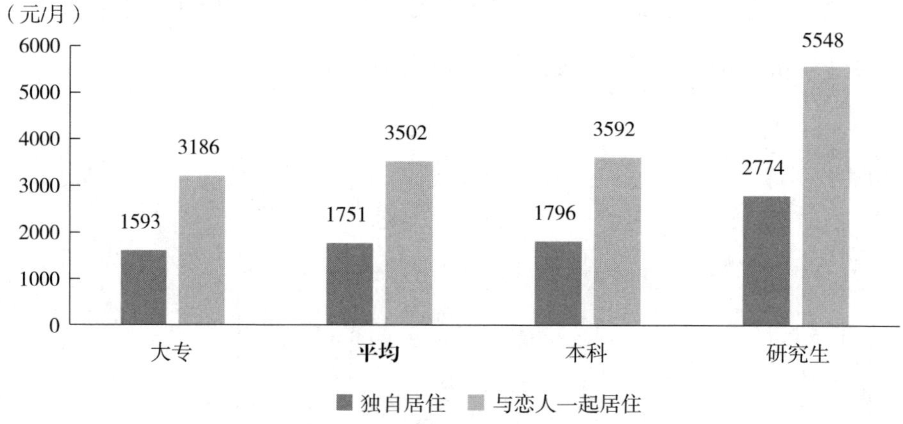

图6　不同学历的毕业生租金承受能力

资料来源：BOSS直聘研究院、课题组测算。

---

① BOSS直聘研究院：《2020年应届生春招求职趋势报告》。

（三）城镇有房家庭

在我国大中城市里，由于孩子上学地点变动、工作岗位变化等因素，城镇有房家庭对成套住房租赁需求也在快速上升。跟前面两类租赁需求群体相比，这类租赁需求的临时性和过渡性特征更明显，属于阶段性居住需求。另外，跟前两类需求不同，这类需求多属于互换式需求，在形成租赁需求的同时，一般也会将自有住房选择对外出租。城镇有房家庭的住房租赁需求上升，也有利于促进各类房源的流通，提升存量房源的配置效率。通常而言，城镇有房家庭收入较高，加上有房租收入作为支撑，其租金承受能力较高。

仅考虑农民工和新就业大学毕业生两大新市民群体，我国住房租赁群体达到 1.6 亿人，与住建部披露的租赁人口规模（2017 年为 1.6 亿人）相一致，考虑到城镇有房家庭的租赁需求，实际的住房租赁群体要超过 1.6 亿人。总体来看，不同住房租赁群体的租赁需求呈现较大差异。除城镇有房家庭外，住房租赁群体的租金承受能力较为有限，举家迁移或与恋人一起居住时租金承受能力将有所提升。

随着城镇化推进，住房租赁群体规模仍将持续扩大。2020 年末，我国常住人口城镇化率超过 60%，若“十四五”末常住人口城镇化率达到预期目标 65%，则将有超过 6000 万人进入租赁市场，每年新增住房租赁群体超过 1000 万人。

三、住房租赁群体需求的典型特征与变化趋势

与购买自有住房的群体相比，住房租赁群体需求呈现阶段性、临时性、过渡性特征；随着收入增加，近年来住房租赁群体对成套、高品质租

赁的需求不断增加。

（一）住房租赁需求呈现阶段性、临时性、过渡性特征

以新就业大学毕业生、进城农民工为主体的新市民群体，与本地户籍人口相比，换工作的频率相对频繁，从便利工作与职住平衡的角度来看，其居住地点也会发生较为频繁的变换，这决定了新市民的租赁需求呈现阶段性、临时性、过渡性特征。调研发现，租客可自主选择租赁时限的长租公寓平均租期只有 9 个月。城镇有房家庭因工作、子女就学等变化带来的租赁需求也呈现阶段性特征。通常来讲，如果是临时工作变动，则会选择短期租赁，如果是长期工作变动，这一群体往往会根据新工作地点选择重新购房或者租房；因子女就学地点变更产生的租赁需求在子女完成相关学业后即随之转移。

（二）住房租赁群体对成套、高品质租赁房需求增加

随着收入提高与生活方式的改变，租赁住房人口呈现举家迁移甚至携老迁移新趋势。2015 年，近九成的已婚新生代流动人口是夫妻双方一起流动，与配偶、子女共同流动的约占 60%。流动人口的子女在流入地出生的比例大幅上升，2014 年达到了 56.6%，比 2010 年显著提高了 29.1 个百分点[①]。越来越多的流动人口家庭选择带父母外出。全国超过 60 岁的流动老人从 2000 年的 503 万人增加到 2015 年的 1304 万人，占流动人口的比例为 5.3%[②]。2015 年流动人口在流入地的家庭规模已经达到 2.61 人 / 户，比

---

① 原国家卫生和计划委员会：《中国流动人口发展报告2015》。

② 国家卫生健康委员会：《中国流动人口发展报告2018》。

2013 年增加了 0.11 人 / 户[①]。

新生代农民工、新就业大学毕业生等新市民群体在就业城市的居留时间不断增加，长期居留意愿明显，对成套、高品质租赁房需求增加。在单个个体流动阶段，“一张床”就可以满足租赁需求，不少制造业企业为员工提供了集体宿舍与工棚等非市场化的租赁住房；夫妻共同流动的第二阶段，则至少需要“一间房”来满足租赁需求；带子女举家迁移的第三阶段，需要“一小套房”满足租赁需求，经济实用的“一居室”会成为首选；进入携老迁移的第四阶段，需要一大套房（两居室甚至三居室）才能满足租赁需求（见表 1）。

表1　人口流动与租赁需求变化趋势

发展阶段	人口流动	最低租赁需求
第一阶段	单个个体外出	一张床
第二阶段	夫妻共同流动	一间房
第三阶段	核心家庭化流动	一小套房（一居室为主）
第四阶段	扩展的核心家庭化流动	一大套房（两居、三居室）

资料来源：课题组整理。

需要说明的是，随着收入增加，即使同样是“一张床”“一间房”“一套房”的租赁需求，租客对基础设施配套、居住环境等要求也会相应提升。

① 原国家卫生和计划委员会：《中国流动人口发展报告2016》。

四、构建与住房租赁需求相匹配的供应体系

在准确把握住房租赁群体规模、特征与变化趋势的基础上，充分利用市场机制，调动各市场主体的积极性，构建与住房租赁需求相匹配的多元化、差异化供应体系，推动住房租赁市场实现供需动态平衡，缓和大城市住房突出矛盾。

一是主要通过盘活存量房源满足在城市就业的新市民群体的租赁需求。存量房源分布广泛，区位条件较好，能够差异化地满足新市民群体对交通、餐饮、购物等配套需求。建议完善税收调节机制，适当降低或免除个人出租住房的税负，引导个人将多余住房拿出来用于租赁。鼓励将闲置或低效利用的厂房、商业办公房改建为租赁住房。加快培育专业化、规模化的住房租赁企业，重点支持房地产企业自持物业用于发展租赁住房。

二是鼓励利用低成本土地新建租赁住房。对在产业园区集中就业的新市民群体，应主要利用企业自有用地、周边集体经营性建设用地等低成本土地，通过政策支持建设一批保障性租赁住房，租金价格低于市场租金，促进职住平衡。事业单位的自有闲置用地，也应允许其在符合规划要求的前提下建设“小面积、低价位、功能较为齐全”的租赁住房，在满足本单位职工租赁需求的基础上，鼓励事业单位将富余的房源推向市场。

三是提升城中村、老旧小区租赁住房品质。加快城中村改造、城镇老旧小区改造等城市更新活动，完善基础设施与公共服务配套，提高租住在城中村、老旧小区的租客的获得感。鼓励地方政府创新货币化租赁补贴方式，探索发放“租房券”，调动市场主体提升租赁品质的积极性。

执笔人：王瑞民　邓郁松　牛三元

专题报告三

重点通过三种方式增加大城市租赁住房供应

增加租赁住房供应是解决大城市住房困难问题的重要途径。2016 年以来，部分大城市通过自持居住用地新建租赁房、配建租赁房、集体土地建设租赁房、盘活存量住房、将闲置或低效利用的工商业物业改建为租赁房等多种方式增加租赁住房供应。从各地实践情况看，盘活存量住房、利用闲置工商业物业改建租赁房和集体土地建设租赁房三种方式，具有市场主体参与积极性高、政府财政支出少、效果好的优势，建议重点推广。

一、发挥好已有存量房屋在增加租赁住房供应方面的主渠道作用

我国存量房屋量大面广，一直是租赁住房供应的主体。同新建住房相比，存量房屋大多位置较好、交通更为便利，更易实现“职住平衡”。目前，存量房屋是大城市供应租赁住房的主渠道，其中个人出租住房占全部租赁住房的 90% 以上，政府持有的公租房、人才公寓、职工宿舍和租赁企业经营的租赁住房等也占有一定比例。近年来，我国新建商品住房规模一直保持高位，随着新建商品住房陆续竣工，未来可以用于出租的房屋总量会进一步增加。有效盘活存量房屋用作租赁住房，不仅会提高存量住房的

利用效率，减轻政府财政压力，也能更好满足租赁人群的多样化需求。

一是降低个人业主和租赁企业的税费负担，引导鼓励有闲置房屋的业主直接出租或委托给租赁企业出租。课题组在调研中了解到，不同城市在落实降低租赁住房税费负担方面的进展不一，不少城市还没有落实到位。

二是提高政府持有的公租房、人才公寓等存量房屋的利用效率。鼓励政府将持有的各类存量房屋委托给专业的住房租赁企业经营管理，可以将出租率相对较低的存量租赁房按照市场租金出租给有需要的客户，提高租赁住房的利用效率。

三是进一步加强和完善租赁监管政策，加强租赁房屋备案管理，禁止租赁企业“长收短付”，严格监管租金贷，平等保护租赁各方合法权益，创造公平规范的租赁市场环境，让业主放心出租，让租户安心租房。

二、鼓励将闲置或低效利用的工商业物业等改建为租赁住房

对人口净流入多但住房总量不足的部分大城市，建议通过改建方式增加租赁住房供应。大城市开发早，在城市核心区基本不具备大规模供应居住用地的条件，但受城市经济结构调整和前期工商业物业供应量过大等影响，这些城市普遍存在闲置或低效利用的工商业物业，一些城市还有低效利用的工业厂房。将闲置或低效利用的工商业物业改建为租赁住房，对盘活资源和优化租赁住房供应结构都具有重要意义。广州等城市在利用低效闲置的工商业物业改建租赁住房方面已取得一定进展，改建的租赁住房位置好，交通便利，价格、户型和功能更能满足新就业大学毕业生等租赁群体的需求。

推动闲置低效的工商业物业改建为租赁住房，需要重点解决三方面难点。

一是解决搜寻闲置物业成本高、租赁期相对较短的问题。大城市各类闲置和低效利用的工商业物业规模较大，但目前信息不对称问题较为突出，有闲置物业的业主单位通常不具备自行改造运营的能力，有改造运营能力的租赁企业常常难以及时低成本地获取闲置物业的信息。有的闲置物业业主单位虽然同意出租改造，但给予的租赁期限较短，造成房屋租赁经营者很难盈利。建议建立公开透明的闲置物业交易平台，及时公布各类闲置物业的信息并进行公开交易。闲置的国有物业改建为租赁住房的，建议将租赁期限延长到 10 年。鉴于部分大城市商办物业空置情况较为严重，建议允许部分已规划但尚未建设的商办物业直接改建为租赁住房，避免二次改建造成的浪费。

二是重点解决消防验收难的问题。改建租赁住房由于实际使用用途发生了变化，各地普遍存在消防验收部门不受理材料等问题，只能通过一事一议解决。消防验收难以顺利推进造成改造项目等待时间过长或者无法开业运营，加大了改造成本甚至使原本可以盈利的项目亏损。建议研究出台针对改建租赁住房的消防验收标准，解决消防验收难问题。

三是解决工商业物业改建为租赁住房的水电价格高问题。原有的工商业物业水电价格高于居民水电价格，在此基础上改建的租赁住房也无法享受民用水电价格政策。调研中了解到改建的租赁住房如能享受民用水电价格，则每月可为租户节约生活成本 200 ~ 400 元，这将显著加大改建租赁住房对租客的吸引力。

三、利用集体建设用地建设租赁住房

大城市房价、地价普遍偏高，租售比不合理，利用国有建设用地建设租赁住房在经济上不具有合理性，而利用集体建设用地建设租赁住房是相对切合现实的做法。北京、佛山等地在探索利用集体土地建设租赁住房方面已取得一定进展，市场主体参与积极性较高。推进集体建设用地建设租赁住房，需要重点完善三方面政策。

一是研究建立租赁住房的建筑设计规范。租房客户与购房客户的需求存在较大差异，如果参照商品住宅的技术规范建设租赁住房，则会造成浪费，增加租客负担。调研中发现，租房客户车位需求不到购房客户的10%，按商品住宅标准配车位会造成大量闲置，会变相增加租金负担。如果按租赁客户实际车位需求降低车位配比，那么降低的成本相当于减少租户租金 150 元 / 月。建议研究出台专门针对租赁住房的技术规范，从规划、设计、建造、验收等方面完善租赁住房建设标准，根据租赁住房的实际功能需求，从现有各类建筑设计标准中选择适配规定，减少不必要的配套要求，进而降低租金成本。

二是建立相应的融资机制。质押集体建设用地使用权很难申请到金融机构贷款，因此租赁住房运营机构在融资上还比较困难，资金压力较大。建议发挥政策性金融机构的作用，对集体建设用地建设租赁住房发放中长期贷款，或通过引入保险资金、发行 REITs 等方式解决融资难问题。

三是加大市政配套设施建设力度。集体建设用地多数位于城中村或城乡接合部，市政基础设施普遍较薄弱。据一些项目方反映，集体建设用地建设租赁房项目的主体结构已基本完成，但是周边的市政道路及随路管线建设还没开工。建议落实市政配套设施的属地主体责任，建立统筹推进的协调机制，实现配套设施和项目“同步规划、同步开工、同步交付”。

执笔人：邓郁松

专题报告四

主要发达经济体发展租赁住房的做法和启示

主要发达国家租赁住房发展历程可分为四个阶段，即租赁比例较高阶段、规范租赁市场阶段、住房自有率提升阶段和住房结构分化阶段。各阶段商品住房、市场化租赁住房和保障性住房体系在解决居民住房问题上扮演不同角色，政府金融、财税等相关政策也发挥不同作用。

一、主要发达国家租赁住房发展历程

住房发展基本遵循“产业增长—城市化和人口集聚—住房供给增加—供需平衡”的变化周期。城市化初期，人口向城市集聚使住房供给短缺，导致租赁比例高、居住条件差。“二战”后，各国普遍大规模建设住房，短缺问题逐步解决。随着经济发展、居民收入提升，住房政策开始以提升自有率为主。21世纪以来，主要发达国家住房结构出现分化，大城市住房问题愈加突出。英国是发达国家中租赁住房发展的典型代表（见图1）。

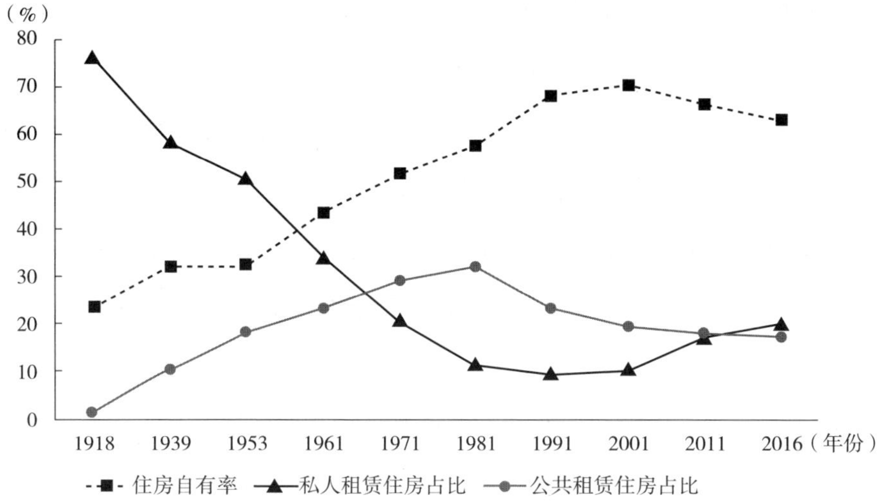

图1　英国百年来住房结构变化（1918—2016年）

资料来源：English Housing Survey，Ministry of Housing，Communities and Local Government。

（一）"二战"前：住房供给短缺，租赁比例较高

工业革命时期，各国住房建设普遍滞后于产业革命和城镇化进程，表现为城镇化快速推进、城市人口大幅增长，但住房严重短缺，租赁比例高、居住条件差。以英国伦敦为例，1632 年人口仅 31.7 万人，1841 年达到 223.9 万人[①]。英国城镇化率也快速增长，从 1700 年的不到 20% 上升到 1900 年的超过 80%[②]。虽然城市经济快速发展，但中下层人民的住房问题仍比较突出。1918 年，英国住房自有率仅有 23%，77% 的居民依靠租赁解决居住问题。产业工人多租住在工厂周边的棚屋里，环境十分恶劣。《北极星报》曾描绘伦敦格林地区的工人居住区："这里有 1400 幢房子，租住

---

① [法] 布罗代尔，顾良、施康强译：《15至18世纪的物质文明、经济和资本主义》（第一卷），生活·读书·新知三联书店，1992年版，第652-653页。

② R.J. Davenport，"Urbanization and mortality in Britain, c. 1800-1850"，*Economic History Review*, 2020，73（2）, pp. 455-485.

着2795个家庭，共约12000人。丈夫、妻子、四五个孩子和祖父祖母，住在一间10 ~ 12英尺（1英尺约30厘米）见方的屋子里。”

在住房短缺阶段，政府短期会管控租赁市场，长期则通过建设公共住房和税收优惠增加供给。当住房供给不足时，房价收入比高，租赁占比被动增加，政府短期内会管控租赁市场。例如,1945年，联邦德国通过了《住房统制经济》法案，由政府规定租金，禁止解除租赁合同，由国家分配住房。[①] 在长期中，政府会大规模建设公共住房并提供税收优惠以增加住房供给。例如，1950—1959年，联邦德国通过《社会住房法案》，建设了约330万套公共住房，而同期私人住房落成量约为270万套[②]。税收方面，德国《联邦所得税法》规定，建房费用可以在使用期前12年内折旧50%以抵扣应税收入，免征地产税和地产转移税，以鼓励企业和个人建造住房。[③]

（二）“二战”结束至20世纪70年代：大规模建设住房，大力发展公共住房

“二战”后，各国经济快速增长，生育率和移民数量也迎来高峰。政府普遍大规模建设住房以解决居民居住问题，促进市场化商品住房和保障性住房体系共同发展。

战争使各国住房遭到严重破坏。例如，1947年西德地区存量住房约为926万套，要供给1535万户家庭[④]，套户比[⑤]低至0.6。战后各国普遍迎

---

① [德] 约翰·艾克豪夫，毕宇珠、丁宇译：《德国住房政策》，中国建筑工业出版社，2012年版。

② Jiorn Egner，Housing Policy in Germany 1945—2010：Continuity and Change，2012.

③ [德] 约翰·艾克豪夫，毕宇珠、丁宇译：《德国住房政策》，中国建筑工业出版社，2012年版。

④ 数据来源：德国联邦统计局。

⑤ 套户比=存量房屋套数/常住居民家庭户数，一般合理区间为1.05 ~ 1.1套/户。

来生育和移民、返乡高峰。1946—1949 年，由于难民返乡，德国人口从 6425 万人增长至 6809 万人。1945—1955 年，日本迎来生育高峰，人口从 7199.8 万人增长至 9007.7 万人。1946—1964 年，美国迎来“婴儿潮”，出生约 7600 万人[①]。

面对供需矛盾，鼓励大规模新建成为政府住房政策的核心。例如，日本居民常住住房[②]数量从 1948 年的 1348.8 万套增长至 1978 年的 3218.9 万套[③]。西德住房存量也从 1950 年的 944 万套增长至 1965 年的 1713 万套[④]。公共住房是政府的建设重点，对增加住房供给起到了重要作用。例如，美国公共住房存量从 1949 年的约 17 万套上升至 1990 年的约 140 万套（见图 2）。

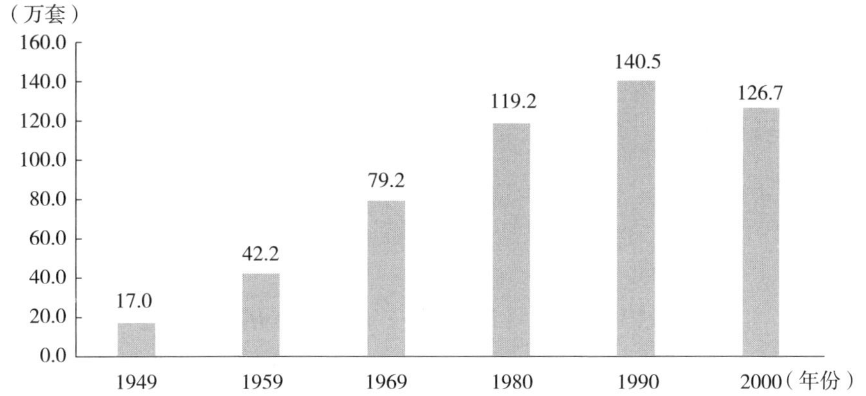

图2　美国公共住房存量（1949—2000年）

资料来源：[美] 阿列克斯·施瓦兹，陈立中译：《美国住房政策》，中国社会科学出版社2012年版。

① 数据来源：各国统计部门网站。

② 根据日本统计局的注释，居民常住住房指有居民长期居住或预计居住三个月及以上的房屋，而非居民常住住房指临时居住、空置、在建住房。

③ 数据来源：日本国家统计局。

④ 数据来源：德国联邦统计局。

在住房供需矛盾逐渐缓解阶段，政府致力于立法规范租赁市场。住房供给短缺时，各经济体租赁市场普遍存在租金高企、市场混乱等问题。政府普遍在住房供给短缺阶段对租金实行管控，供给改善后则逐步取消管制。例如，美国“二战”期间在联邦层面实施了租金管控，直到 1953 年才取消[①]。英国 1915 年颁布《租金和按揭利率（战争时期限制）增长法》开始对租金实施管控。[②] 但是，租金管控会抑制租赁住房供给。随着供给逐步改善，政府开始放开租赁市场，并立法以保护租赁双方合法权益。英国 1957 年颁布的《租赁法》宣布取消租金管控。20 世纪 60 年代，西德颁布《关于废除住房配给和实行社会化租房》法令，规定缺房率在 3% 以下的城市和乡镇全部取消住房配给和房租限制。这一阶段的另一项重要措施是立法规范租赁市场。德国于 1971 年颁布《住房租赁法》，对租赁合同的订立、履行、解约进行了严格规范，加强了对承租人权益的保护。[③] 英国于 1957 年颁布《租赁法》，并在 1965 年、1968 年和 1974 年进行了三次修订[④]。

（三）20世纪70年代至2000年：推行住房自有化，公共住房“退潮”

20 世纪 70 年代前后，各国住房短缺问题基本解决。随着住房供给相对充足，政府开始以提高住房自有率作为主要政策目标。由于未受战争

---

① [美] 阿列克斯·施瓦兹，陈立中译：《美国住房政策》，中国社会科学出版社，2012 年版。

② [英] 戴维·莫林斯，陈立中译：《英国住房政策》，中国建筑工业出版社，2012年版。

③ [德] 约翰·艾克豪夫，毕宇珠、丁宇译：《德国住房政策》，中国建筑工业出版社，2012年版。

④ [英] 戴维·莫林斯，陈立中译：《英国住房政策》，中国建筑工业出版社，2012年版。

破坏，美国较早进入住房自有率的上升阶段，从1940年的43.6%上升至1960年的61.9%。[①] 英国在1979年保守党执政后，大力倡导“购屋权”，住房自有率在1961年至1991年的30年间从43%上升至67.6%，私人住房租赁比例从34%下降到9.4%（见图3）。[②] 这一时期各国公共住房建设数量锐减。例如，美国公共住房存量在1990年左右达到约140万套后开始减少，日本也在1981年改革“住宅公团”，放缓公共住房建设。

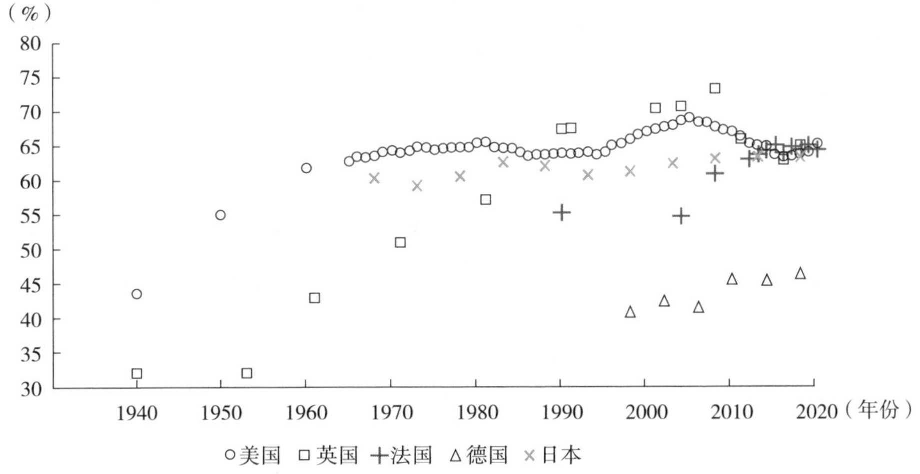

图3 “二战”后主要发达国家住房自有率（1940—2020年）

资料来源：各国政府统计部门、OECD。

住房供需平衡阶段，政府倾向于通过金融、减税和出售公共住房政策提升住房自有率。住房自有化可以带来资产保值增值，有利于形成稳定的中产阶级和社区关系，便于社会治理。因此，各国政府在供需平衡后倾向于通过一揽子政策提升住房自有率。宽松的金融环境是住房自有率提升的

① 数据来源：美国国家统计局。
② 数据来源：英国国家统计局。

主要因素。例如，美联储自1990年7月起连续降息，导致美国住房自有率在2005年底达到历史峰值69.1%。日本在20世纪50年代推出提升住房自有率的“三支柱”政策[①]，其中政府提供的长期、低息、固定利率贷款起到了主要作用。[②]允许公共住房出售是政府提升住房自有率的主要政策手段。英国1980年颁布的《住房法》和《租户权益法》等提出了“购屋权”，赋予租户购买公共住房的权利。因此1981—1991年英国住房自有率提升的10.4个百分点中，有8.7个百分点由出售公共住房贡献。公共住房出售打通了商品房、私人租赁住房和公共住房三个体系。例如，2016年英国约有40%的已购公共住房被作为私人租赁住房投入市场。[③]

（四）2000年后：大城市住房问题突出，专业租赁机构快速发展

进入21世纪，受金融、人口等因素影响，各国住房结构出现分化，可以分为以下三类。第一类是以英国、美国为代表的住房自有率下降类。以2008年金融危机为分野，2005年美国住房自有率达到历史高峰69.1%，到2016年下降至63.5%[④]；2008年英国住房自有率达到峰值73.3%，到2016年下降至62.9%[⑤]。这主要是受到金融危机的影响，信贷环境发生了变化。第二类是以法国、德国为代表的住房自有率上升类。2004—2020年，法国住房自有率从54.8%提升至64.1%。2002—2018年，德国住房自有率

---

① “三支柱”政策指*Government Housing Loan Corporation Act*（1950），*Public Housing Act*（1951）和*Japan Housing Corporation Act*（1955）三项法案，目的分别为提供长期低息贷款、发展公共住房和政府建设住房。

② Yosuke Hirayama，*Reshaping the housing system*：*Home ownership as a catalyst for social transformation. Housing and Social Transition in Japan*，Taylor & Francis Group，London.

③ [英] 戴维·莫林斯，陈立中译：《英国住房政策》，中国建筑工业出版社，2012年版。

④ 数据来源：美国国家统计局。

⑤ 数据来源：英国国家统计局。

从 42.6% 提升至 46.5%，意大利、西班牙等国家住房自有率也有所上升。① 这主要是受到欧洲国家家庭小型化和欧元长期宽松的影响。第三类是以日本为代表的基本平稳类。2000 年以来，日本住房自有率稳定在 63% 左右。② 这主要是由人口增速放缓、日元货币供应增速不高所致。

2000 年以来，随着服务业占比提升和消费型城市形成，人口持续向大城市集聚。例如，2008—2013 年的 5 年间，东京家庭数增加约 63.5 万户，远高于 20 世纪 70 年代以来每 5 年 25.7 万户的增幅。③ 大城市住房问题变得尤为突出。例如，2000—2015 年，纽约市年均租金增长率比邻近的纽瓦克市高 160%。租赁成为大城市居民解决住房问题的核心方式。例如，2018 年，东京租赁比例为 52.2%，而日本全国范围内该比例为 36.8%；④ 旧金山租赁比例为 65%，而整个湾区该比例为 45%。⑤

机构化程度较高是当前发达国家租赁市场的重要特征。美国租赁市场中机构房源占比达 30.4%；2013 年，全日本有 35.8% 的租赁住房由专业机构管理，且出租率（90%）明显高于个人房源（75%）。⑥

进入 21 世纪以来，大城市是各国租赁政策的重点针对区域，金融工具创新促进了专业化租赁机构的产生和发展。虽然发达国家已对租赁住房进行全国性立法，但政策重点在大城市。例如，美国租金管控政策主要在纽约、旧金山、洛杉矶等沿海大城市实施。⑦ 此外，发达国家积极的金融

---

① Dan Andrews，Aida Caldera Sánchez，2011，*The Evolution of Homeownership Rates in Selected OECD Countries: Demographic and Public Policy Influences*，OECD Journal：Economic Studies.

② 数据来源：日本国家统计局。

③ 数据来源：日本国家统计局。

④ 数据来源：日本国家统计局。

⑤ 数据来源：美国国家统计局。

⑥ 数据来源：链家研究院。

⑦ Prasanna Rajasekaran，Mark Treskon and Solomon Greene，*Rent Control: What Does the Research Tell Us about the Effectiveness of Local Action?* Urban Institute，2019.

创新促进了专业化租赁机构的出现。例如，英国于20世纪90年代推广了“购买以出租”型物业投资方式，对投资租赁住房提供税收减免，监管也相对宽松，吸引了私人企业投资租赁住房。房地产投资信托基金（REITs）是租赁住房的重要金融工具。除美国REITs起步于20世纪60年代外，欧洲、亚洲各国均在2000年后才开始发展REITs。虽然REITs并非为发展租赁住房而设立[①]，但租赁住房稳健的租金收益和现金流，客观上促进了REITs的发展。租赁住房的金融创新需要良好的市场条件。例如，美国REITs的投资回报中绝大部分来自租金，物业升值非常有限，因此合理的租金收益率十分重要。[②]租金资产证券化工具[③]的产生得益于金融危机产生了大量断供的空置住房，使企业可以低成本打包收购房源，实现规模效应。

二、发展租赁住房的主要政策探索

租房群体以中低收入家庭为主，人数庞大，尤其以年轻人为主。考虑到租房群体的代表性和社会影响力，德国、英国、法国、日本等都将发展住房租赁市场作为争取选民支持的重要政策纲领，甚至将住房租赁权置于住房所有权之上，依法保障租房群体的合法权益。默克尔2018年竞选德国总理时，承诺对空置土地征税和实施严格租金管控，推进租赁住房建设、稳定市场租赁价格。美国是过于重视住房所有权，鼓励中低收入家庭

---

① 1960年，美国国会通过房地产投资信托法案（*Real Estate Investment Trust Act*），其初衷是为分散的个人投资者提供投资商业房地产的机会。2020年12月，美国住房类REITs市值占比约14%。

② [美] 拉夫尔·L.布洛克，宋光辉等译：《房地产信托投资基金》（原书第4版），机械工业出版社，2014年版。

③ 租金证券化现金流来源于租赁物业产生的各类债权，包括租赁费、物业费、停车管理费等。

购房，致使本应租房的群体涌入购房市场，诱发了“次贷危机”。

从发展历程看，除美国外，德国、英国、法国和日本在“二战”结束后都曾面临住房短缺问题，政策重心均放在增加公共租赁住房供给上。随着住房短缺矛盾的缓解，政府从支持公共租赁住房逐步调整到通过税收、金融等给予优惠扶持，促进住房租赁市场健康发展。同时，相关法律法规不断完善，承租人权益始终受到保护，租金管理也经历了从放任到管控再到有限干预、取消管控的过程。

（一）政府给予政策支持，鼓励多方参与租赁住房建设与运营

发达国家普遍重视借助市场力量来增加租赁住房供给。由于租赁住房投资收益率低、回收期长和管理成本高等特点，许多私人投资者不愿进入租赁住房领域。为鼓励私营部门投资租赁住房，增加供应，促进住房租赁市场发展，各国政府采取了一系列扶持措施。

1. 通过税收减免降低租赁住房供给成本

美国实施折旧抵税政策鼓励存量住房出租，租赁住房每年的折旧部分可以抵税，同时实施低收入住房税收抵免计划，吸引社会资金参与可支付租赁住房供应。比如，1981 年出台的《经济复苏税法》将以前 30 至 40 年的出租住房折旧期缩短为 15 年，并规定私人住房出租的家具折旧缩短为 5 年。由于折旧可从应税收入中扣除，折旧年限的缩短增加了抵扣金额，使出租方获得更大的税收优惠。

在德国，政府为鼓励个人和公司投资租赁住房，主要采取了三大举措。一是实行税收减免，年减免税率为 2%，期限 50 年；一些老旧租赁房减免税率为 2.5%，期限 40 年。二是加速折旧，总折旧期限为 50 年，但折旧率因不同时期市场供需状况不断调整，有时前 10 年高达 4%，有时前

8年为2.5%，其余年份折旧率为1.25%。三是减免10年的资本利得税，更好保护投资者利益。为保护业主利益，政府还从需求端入手给低收入承租人提供住房补贴。

在法国，政府为鼓励民间资本进入住房租赁市场，出台多种税收减免政策。一是自1984年以来，政府推出私营租赁住房投资刺激计划，私人业主提供6～9年租赁住房服务，就可按投资额的一定比例享受所得税减免，且可持续数年。以2011年为例，减免所得税税率为投资额的13%，减税期为9年。节能住房的减免税率更高，达到22%。二是以加速折旧的方式鼓励私人投资。三是私人业主的租赁住房支出可抵扣个人所得税，这类支出包括投资贷款的利息支出、维修费和管理成本等。2012年法国个人所得税的最高减税额为10700欧元。如果业主的租金收入低于15000欧元，无论支出多少，都可享受30%的减税额。

日本现行税收政策规定，建造租赁住房可以享受税赋减免，租赁住房的土地、房屋价值可以抵扣房产税及土地持有税。出租住房获得租金收入需缴纳不动产所得税，应纳税所得额为不动产收入额扣除相关费用后的余额，法人可扣除的费用远高于个人业主。加上日本高额遗产税的影响，大量个人业主倾向于委托企业出租房屋。

2. 通过提供长期低息贷款、CMBS[①]和REITs，增加供给端的资金支持

美国政策性住房金融机构为租赁住房提供最长达20年的低息贷款。法国为租赁住房建设项目提供50年期的低息贷款。日本设立住宅金融公库，向开发商、中低收入人群提供长期租赁住房贷款，利率比一般商业银

① 指商业房地产抵押贷款支持证券。

行低 30% 左右。截至 2020 年底，全球 REITs 市场共有 900 只 REITs 产品，分布于 43 个国家或地区，总市值达 1.9 万亿美元。其中，美国 REITs 市场规模最大，占全球 REITs 市场的 63%[①]。

（二）健全法律法规体系，保障租赁双方合法权益

在租赁市场发展过程中，尽管不同国家对租赁双方当事人合法权益的保护程度和保护方式有所差异，但整体上呈现出一些共性的演变规律——伴随着社会经济发展阶段和住房市场供求关系的变化，相关的法律和制度都从最初强调保护承租人权利，逐步发展到兼顾出租人和承租人双方的权利对等，明确各自的权责划分。比如，在培育住房租赁市场时期侧重保护承租人的权益，在租赁住房供应短缺时期更加注重保护出租人权益，而在供需关系较为平衡后则兼顾双方当事人权益保护。

基于保护弱者的原则，住房租赁立法侧重于保护承租人权益，进而稳定租赁关系，维护市场公平。德国以《民法典》和《住房租赁法》为主，形成住房租赁制度体系，默认租约为无固定期限合同，出租人不能随意解约，也不可随意涨租，如欲出售则租户享有优先购买权。

德国非常注重保护租客的合法权益，无论在居住环境方面，还是在基础设施及住房质量等方面都有严格管控。只要居民合法纳税，租房者与买房者享受同等的公共权益。多数情况下房东无权随意解除租赁合同，除非房东自用。因此，大多数租客会与房东签订 5 年甚至更久的租房合同，以减少房租上涨带来的额外支出。在租赁市场交易环节，德国的相关法规也充分保护租客权益。德国近年来发布的相关条例规定，租房中介费改由房

① 光大证券：《我国公募REITs正式启航——REITs产品发展与投资性价比分析》，2021 年。

主承担，租客只有在专门授权给中介找房的情况下才需要负担中介费。房东的合法权益也会得到足够保障：在退租时，房东有权要求租客还原房屋，包括粉刷墙壁、修理地板等；租客在租赁关系开始前一般会缴纳三个月房租作为押金；名下出租房屋较多的房东可以购买保险，降低房屋空租情况下的损失。全面平衡考虑以保障租客和房东双方的权益，是德国维护良好租赁关系的关键。

为保护租客利益，美国政府对用于出租的住房进行了标准划定，不符合标准的住房禁止进入住房租赁市场，从而排除了出租房屋的安全隐患，保证了私人租赁住房的供给质量。租赁的房屋需由房东事先登记，同时房东有义务保证出租房屋适于居住，租户出现延期支付租金或租金支付困难时不能采取断水、断电等暴力手段进行驱赶。对于出租人，有各种权利要求承租人归还房屋和索要未支付的租金，维护权益的途径包括收回租赁权、依法申请赔偿等。

法国法律也十分重视保护租客权益，譬如规定自 11 月 1 日起至次年 3 月 31 日禁止房东驱逐房客，即便房东已启用法律程序并得到法院的确认也不例外。一旦房客和房东产生纠纷，可向业主与租客委员会申诉，该机构专门负责调解租金、房屋状况评定、解约等相关纠纷，房客也可加入 CLC（国家消费者保护协会）等组织寻求专业帮助，更好地了解和保护自身利益。

（三）根据市场需要，对房租进行适当管控

相比其他租赁行为，住房租赁的显著特点在于承租人是为满足居住需求而租赁，因而需要加强对住房租赁市场的监测监管，保障租赁双方当事人的合法权益。美国、德国、英国、法国在坚持市场配置资源的原则下，

对房租进行适度干预，既不放任自流，也不过度管控。随着经济社会发展以及住房租赁市场的变化，经济发达国家普遍会不断调整监测监管方式，努力促进市场平稳发展。

德国在住房短缺时期更加注重租金绝对值的设定，并且对不同建筑年代房屋的房租作出非常具体的规定。德国《租房法》以法律形式控制租金涨幅上限。在住房供需关系渐趋平稳后，德国及时废除了较为严格的房租管控方式，注重将租金管控与合理成本测算相结合，避免因租金管控而使租赁住房供应减少的情况发生。在住房供应相对稳定后，德国更加注重控制租金更新及涨幅。自 2015 年德国开始实施“租金刹车”，在租赁住房供给特别紧张的地区，新签合同租金涨幅不得高于正常租金的 10%，限制时限最长为 5 年；若房东的房租超过合理价格的 20% 就构成违法，超过 50% 就构成犯罪。

美国住房租赁体系以市场调节为主，但也先后采取过各种监管措施。以租金管控为例，“二战”期间，美国将租金冻结在 1942 年水平上，禁止出租人提高租金。战后重建时期，除纽约州外，美国大部分地方都解除了租金管控措施。但在 20 世纪 70 年代，面对经济发展的滞胀局面以及租金快速上涨，美国在提供租赁补贴的同时也启动了新一轮的租金管控。但到了 20 世纪 80 年代，除少数几个州的一些城市（比如纽约市）仍然实施租金管控措施外，大部分地区都已放开管控。

法国从 2015 年起在巴黎和里尔划分房租参考区间，除特殊情况外，房租涨幅不得超过参考价的 20%，降幅不得高于参考价的 30%。英国在 20 世纪 80 年代放开房租管控后，对租金仍有限制措施，明确每年只能加租一次且需在一定范围之内。

三、对我国租赁住房发展的启示

美国、德国、英国、法国和日本城镇化已趋于稳定，租赁住房主要面向城镇现有中低收入家庭。而我国正处于城镇化发展进程中，特别是随着产业结构转型升级，就业结构发生变化，外来务工人员和新就业大学生大量进入长三角、珠三角、长江中游、京津冀和成渝五大城市群。这些区域房价高企，租房是大部分新市民在一段时间内解决居住问题的现实选择，甚至是唯一选择。这个群体人口规模大、普遍年轻且思想活跃，习惯于通过网络表达意见。如果租住问题解决不好，容易引发对立情绪，产生群体性事件，影响社会稳定。因此，发展住房租赁市场具有十分重要的战略意义和现实意义，需要予以高度重视。

（一）租赁住房政策要与住房发展总目标相匹配

租赁市场是住房市场的组成部分，良好的租赁政策应该立足于总体住房目标，以此来制定可持续的、面向长期的租赁住房政策，要依据总体的供给条件灵活制定与市场相适应的政策。德国在这方面的做法值得借鉴。在不同发展时期，德国政府先后采用了不同措施推动住房租赁市场发展：一是在住房短缺时期（20 世纪五六十年代），政府通过资金支持、税收优惠、金融扶持等手段鼓励租赁住房供应；二是在住房供应相对充足后，政府通过调整法律法规，提高出租住房的品质标准，适当放松终止租赁合同的条件，平衡租赁关系当事人的权益；三是在租赁市场发展相对稳定后，政府主要采取措施维持租金价格平稳，维护市场稳定。

此外，注重打破保障型租赁住房与市场化租赁住房之间的藩篱，建立统一的住房租赁市场，推动住房市场的稳定发展。北欧主要国家通过打通公共住房和私人住房领域，在最近一轮经济危机中受到冲击最小、表现最为稳定。那些采取极端化自由主义和住房体制（鼓励提高住房自有化率）的国家，则出现了剧烈的波动和更大的危机。这意味着，一个稳定的市场，不仅是租购并举的，而且是鼓励多种住房保有权形式并存的统一的住房市场。北欧国家社会住房理论的最主要特点是将社会目标置于经济目标之上，旨在通过有效的与市场原则一致的干预措施，实现社会利益的最大化。市场中同时存在着保障性质的补贴型公共住房、成本型定价出租住房，以及市场化定价出租住房，实现了对市场化租赁住房和保障型公共住房的整合。

（二）必要的政策支持是住房租赁市场发展的重要支撑

发达国家普遍使用各种税收优惠政策支持住房租赁市场的发展，我国可借鉴相关经验。可对各类租赁住房经营主体实行税收减免，投资贷款的利息支出、维修费和管理成本等均可抵扣个人所得税和房地产税；对租赁给中低收入家庭的业主，可提高其税收减免额；政府可设定和调整减税额，鼓励、抑制或引导民间的租赁住房投资行为。此外，加速折旧、综合开发（租赁住房 + 商业）也是吸引民间投资的重要举措。

从发达国家，尤其是美国的经验看，REITs 是美国住房租赁市场发展的重要金融支持工具，资产证券化手段的丰富是美国住房租赁市场发展的基本保障。目前我国还没有真正意义上的为中小投资者投资和持有大型不动产的 REITs 产品，或为企业投资租赁物业的长期融资安排，可以借鉴国外经验，稳健推进金融产品创新，使金融服务逐步深入住房租赁市场。从产业链角度来看，房地产基金产品让整个开发运营过程形成了“投资—融资—管理—退出”的闭环。租赁住房是资金需求量大的行业，随着住房租赁市场的不断发展和日益规范，房地产基金可以解决租赁住房项目运营成熟后市场化退出的问题，也让更多的市场主体分享租赁住房产生的长期稳定的经营收益。

（三）合理的制度设计是住房租赁市场发展的重要基础

一是建立完善的法律法规体系。从发达国家经验看，各国均高度重视完善租赁法律制度，尤其注重保护承租人利益。我国应加快完善法律法规，优化法治环境，建立面向多个阶层、多元主体参与、管理规范有序、市场导向为主、政府调控为辅的住房租赁管理体系。同时，也需要尽早对一些新生事物进行研究，如室内空间使用原则、室内空气质量等如何设定，出台相对可行的管理办法。此外，需要建立健全租房管理制度，制度体系应涵盖住房管理机构职责、经费来源与运用监督检查、问责机制等各个方面，通过制度建设完善我国的住房租赁管理体系。美国的信用系统完善，在美国租房的时候，房东要看租户的个人信用报告。房东希望和租户建立长期的关系，因此需要了解他的信用情况。我国可将住房租赁与信用体系打通，既实现数字化生活，也能实现数字化监管。

二是平等对待各类市场主体，增加租赁住房供给渠道。例如，德国的住房租赁市场吸引了多元主体共同参与，租赁住房供给主体包括个人房东、共管公寓协会、公共住房公司、住房合作社、房地产公司以及一些其他类型的公司和非营利组织。德国鼓励私人资本参与，连社会住房[①]都不是由政府直接开发。激发市场参与度，给予市场一定选择权。德国在住房领域非常重要的政策出发点就是让居民家庭在自有和租赁之间有充分的自

① 德国的社会住房市场是指在社会住房计划中获得补贴的出租住房，一般包含特别补贴、租金上线限制和占用承付。

由选择权。以租金管控为例，“二战”后为了应对住房短缺，防止房价和租金快速上涨，欧洲很多国家都实行租金管控，但随着住房供应量不断增加，德国选择逐步放松对租金的管控，而以西班牙为代表的一些国家依然实行严格的租金管控，严重伤害了房东的积极性，许多房东宁愿空置房屋等待买家，也不愿意将房屋出租。这造成的结果是，西班牙住房市场的空置率高达 14%，远高于欧盟平均水平。

三是审慎实施租金管控。尽管许多国家和地区历史上均采取过针对住房租赁市场的租金管控政策，但从系统性影响效果来看，租金管控政策会因为外部性而对市场造成负面影响。首先是价格限制意味着供给减少，特别是会极大抑制市场中的存量私人房源的供给，这反而会加剧租赁市场供不应求的矛盾，租户选择房屋的难度更大。其次是制约了业主提升房屋质量的积极性，因为投资无法获得可期的回报，市场上出租房源的品质越来越差，租户的居住品质下降。再次是当房租低于市场均价时，人们反而会花费更多的资源来获得这些租赁住房，导致了资源浪费，比如日本住房租赁市场中出现因为租金限制而引发“权利金”的现象——这种权利金就是租赁权的价格；美国市场上也出现过准租客通过礼金方式获取住房的情况。这些均会导致管控政策无法实现其原定目标，因为看似节省的房租只是通过其他方式转移出去了。最后是因为没有准确和响应及时的价格信号，住房租赁市场上供需关系不匹配，市场调节机制失灵，降低了匹配效率。因此，实践中要保持对住房租金的密切关注，实施动态监测。不过，具体的管理和调节政策应根据市场供求的基本情况而定，仍应以市场机制为主，除非特殊原因，否则须慎重考虑租金管控政策。

（四）解决住房租赁市场的问题需要整体把握

住房租赁市场发展较为成熟的国家，普遍都形成了一种适合自身国情的模式，较好地处理了自有住房与租赁住房，公共租赁住房与市场租赁住房，租赁市场运行与政府监测监管等方面的关系。比如，德国一直坚持将各类租赁住房发展置于统一的政策框架下，形成了所谓“单一化”的租赁市场模式。在这种模式中，成本型租赁住房与私有租赁住房既获得基本相当的扶持，也在基本相同的条件下进行竞争，因而总体政策对其持中立态度。又比如，新加坡在建国以后，为了践行让成功的公共住房政策成为执政党重要的合法性基础，探索形成了以建屋发展局、中央公积金和组屋为主要内容的住房政策框架，使居民都能利用公积金租赁或购买由建屋发展局建设的组屋。再比如，美国逐渐形成了以市场化租赁住房满足多样化需求为主的体系，对于中低收入住房困难群体，以公共住房、租赁补贴等方式给予保障。

执笔人：牛三元

专题报告五

探索发放租房券　缓解新市民住房困难

当前，人口净流入大城市的新市民群体住房困难问题较为突出。考虑到我国普遍的住房短缺状况已经显著改善——城镇人口户均住房达到1.1套，人均住房建筑面积接近40平方米。适时转变租赁保障方式，合理借鉴国际经验，探索向住房困难的新市民群体发放租房券，使其住有所居；同时降低政策成本，更加精准有效地促进租赁市场健康发展。

一、需要为新市民群体提供更为灵活的住房保障方式

近年来，我国人口向珠三角、长三角等大型城市群集聚趋势日益明显。大型城市群中的核心城市房价偏高，以农民工、新就业大学生为主体的新市民群体，住房支付能力有限，主要通过租赁来满足居住需求。保守估计，当前新市民租赁群体的规模达到1.6亿人，接近城镇常住人口的六分之一。随着城镇化进程的推进，未来新市民群体的租赁需求还将持续增加。

与城市本地户籍人口相比，新市民群体流动性大，换工作的频率相对较高。相关调查显示，“90后”第一份工作的平均在职时间是19个月，“95后”更是只有7个月。为便利工作与通勤，其居住地点也会频繁变换，这决

定了新市民需要较为灵活的居住选择。调研发现，即使是租客拥有更大自主权（可决定租期长短）的长租公寓，平均租期也仅为 9 个月左右。

既有的以建设公共租赁住房为主的住房保障方式，难以匹配新市民群体的居住需求特点。人口净流入的大城市开发建设早，核心区基本不具备大规模建设保障房的条件，新建的公租房主要位于城市边缘，通勤不便，餐饮、购物等配套设施也不足，无法满足新市民市区内就业和社交等的需要，也无法满足其因较频繁更换工作地点而产生的灵活居住需求。这是造成一些城市公共租赁住房闲置与新市民住房困难并存的原因之一。符合公共租赁住房入住条件的新市民，宁愿自行选择基础设施较差但交通便利的城中村出租屋，也不愿住在区位偏僻的公共住房社区。此外，“补砖头”（即政府增加保障性住房供给）的住房保障方式成本较高，在地方政府财力普遍吃紧的情况下难以大规模建设，能够惠及的新市民群体比较有限。

部分城市探索以货币化补贴推进住房保障方式转型，但直接发钱的方式难以保证租赁补贴专款专用，接受补贴的新市民很可能将其转为储蓄或其他开支，无法带动租赁住房供给增加与租赁品质提升。

二、租房券可作为成本低、精准有效的新市民住房支持方式

租房券本质上是政府发放的住房消费券。通过补贴新市民合理住房开支与实际租金负担间的差额，可有效缓解其住房困难。租房券低成本、灵活的突出优势可以更好匹配新市民群体规模大、居住地点频繁更换的特征。从国外已有的租房券政策实践看，租房券项目对受资助家庭的住房支出、居住环境、人力资本等方面都产生了积极影响。与低收入人群集中居

住的保障性租赁住房项目相比，为新市民发放租房券可有效地解决保障人群集中居住带来的社会问题。借鉴国外租房券政策实践，结合我国国情，本课题组提出如下租房券的初步政策构想。

租房券的发放对象主要是住房困难的新市民。一般而言，申请租房券的新市民家庭收入应低于所在城市三口之家平均可支配收入的50%，由负责住房保障的住建部门收集申请者的家庭收入、资产、家庭构成等信息，并与申请人的雇主、银行等机构核实，以此来确定申请者是否具备享受租房券补贴的资格以及可享有的具体补贴数额。

租住符合质量和安全要求的任何住房均可使用租房券。较之公共住房，租房券最显著的政策特点是将住房选择权还给申请者。与房东达成协议后，申请者可选择区域内符合特定质量、面积和安全标准的任何住房。租房券发放前，相关部门应对租赁房的质量进行检查。如果申请者因工作变动等需要换房，需提前通知住建部门。解除租约并找到合适的替代住房后，租房券可继续用于抵扣房租。

租金补贴直接支付给房东，数额为家庭可负担的合理租金上限与支付标准间的差额。建议根据不同城市不同区域的平均租金水平和申请者收入水平进行分档补贴，以弥补申请者合理住房开支（家庭收入的30%①）与支付标准（当地60平方米②市场化租赁房的平均租金）间的差额。如，某城市按照60平方米、每平方米60元租金制定支付标准为每月3600元，新市民家庭每月收入为10000元，合理住房开支为3000元，租房券将补贴合理住房开支3000元与实际租金3600元间的差额600元。为确保租房券

---

① 国际上通常将家庭收入的30%作为合理住房开支的上限。

② 租房券旨在保障新市民的基本居住需求，应以小户型为主。此外，在各地住房保障的政策实践中，公共租赁住房套均面积一般控制在60平方米以内。

补贴专款专用，这一差额应直接支付给房东，且租赁双方需要签订正式的租赁合同并进行备案。

三、发放租房券需要注意的三个问题

一是率先在住房供过于求或总体平衡的城市试点发放租房券。美国租房券政策的经验表明，租房券的发放有特定的适用条件，即住房供求关系从供不应求转向总体平衡。我国人口净流入城市的住房供求基本情况存在较大差异，户均住房套数、租金支付能力、存量住房结构均不相同。租房券应率先在住房供需总体平衡（户均住房 1.0 ~ 1.1 套）或住房供过于求（户均住房超过 1.1 套）的城市发放。

二是针对住房总体短缺的城市，可在增加租赁住房供应的基础上适当发放租房券。此类城市中租房券对租金的抬升效应，将使得“工改租”“商改租”和城中村租赁房提质升级等盘活存量房源的市场行为有利可图，在一定程度上也有助于增加租赁住房供应。

三是租房券的政策设计要因地制宜。各地租房券具体的申请资格、支付标准由地方政府根据各地实际情况来决定。出租人收到租房券后，可向政府申请折抵税款或者兑换现金，但房源需满足政府对于租赁房的质量和安全标准。城中村出租屋、老旧小区出租房在完善基础设施、符合政府设定的保障性租赁房质量标准后也可纳入“租房券”的适用范围，为城中村出租屋权利人与老旧小区业主进行改造提供有效激励。由于用租房券折抵部分房租需要签订合同并备案，租房券的发放还将促进租赁备案率的提升，有利于加强租赁市场监管。

执笔人：王瑞民　龙婷玉

专题报告六

发挥第三方平台基础设施作用，推动住房租赁市场发展——以建设银行为例

2017年以来，中国建设银行为落实“房住不炒”、促进“租购并举”、防范住房领域金融风险，积极推动住房租赁市场发展，搭建了住房租赁综合服务平台（以下简称“建行住房租赁平台”）。通过与政府和企业合作，平台已成为住房租赁市场发展的重要基础设施，取得了良好效果，为创新住房租赁发展模式提供了经验。

一、主要做法

建行住房租赁平台包括租赁服务共享、企业租赁服务、政府公共住房系统、住房租赁监测和住房租赁监管五大系统。通过“一个平台，五大系统”建设，有针对性地解决了市场信息不透明、租赁企业运营难、公租房管理低效、市场调控缺数据、政府监管缺抓手等租赁市场“老大难”问题。

一是共享住房租赁服务，营造安全透明的租赁交易环境。平台的租赁服务共享系统，通过服务租客、房东、政府、运营企业、中介等参与方，将真实房源纳入平台，实现房源发布、房源搜索、网上签约、合约备案、

押金监管、租金选择、税费缴纳等租前、租中、租后全流程规范服务，打造安全真实、高效透明的住房租赁交易环境。

二是服务租赁企业，提供开放系统，支持企业发展。平台的企业租赁服务系统，以开放、共享理念提供标准 SaaS 和开放平台两类产品服务。标准 SaaS 服务以中小型租赁企业为主要服务对象，提供全流程住房租赁管理系统，实现房源发布、在线签约、租金收取、财务管理、数据分析等服务。开放平台服务以大型中介、头部长租企业、大型租赁平台等为主要服务对象，在房源共享、数据同步、数据服务等领域开展合作。该系统还利用区块链技术将各企业房源信息、交易信息、合约信息和账单信息整合为“住房链”，实现住房信息共享。

三是助力公租房管理，促进住房保障精准化。平台的公租房管理系统，为政府部门、相关机构和个人提供公租房配前申请、资格审批、轮候配租、配后管理等服务。各级政府相关部门可以通过系统对当地公租房保障情况进行监测分析，及时准确掌握公租房供需状况和困难群众保障情况，并结合实际适时调整保障政策，完善住房保障体系。申请人可实时在线查看保障规则、政策法规、房源信息、公示公告和办理业务，并对接建行金融产品。在公租房管理系统基础上，配合住建部开发了公租房 App 和保障性租赁住房 App，支持住房保障体系建设，助力提升管理效能。

四是动态监测市场形势，提升政府监管能力。平台的监测系统通过动态采集住房租赁市场数据，提升政府部门对市场的动态感知和监管调控能力。监测数据包括房源数据和交易数据。监测指标包括综合情况、房屋供给、租赁备案、承租人群、从业主体、重点城市等。平台通过省（自治区、直辖市）、市、县三级可视化图层，向各级房管部门直观展示租赁市场运行情况，预警市场异动，进行多维度分析，协助政府部门实时掌握市场动态。

五是服务监管部门，落实备案机制，提高房源真实性。平台的监管系统为政府监管部门提供房源核验、合同网签、合同备案、机构备案、信用管理等监管服务。通过严格落实房地产经纪机构、住房租赁企业、经纪人、租赁合同备案制度，提高了市场规范性。通过规范房源核验、展示、发布流程，提高了房源信息真实性。

二、取得的成效

截至2022年10月，建行住房租赁平台已覆盖336个地级及以上城市。平台在促进信息共享、提高公租房管理水平、支持政府监管、加强行业自律等方面取得了明显成效。

打造开放共享、安全透明的“一站式”租赁服务基础设施。截至2022年10月，平台共入驻1.6万户租赁企业和中介机构，实名注册用户达4269万户，累计完成了1029万套房源信息真实性核验。平台还积极配合各地政府推进部门信息共享，通过连接民政、教育、公安、医疗、税务、公积金、社保等系统，提供积分落户、居住证办理、个税抵扣、公积金提取等“一站式”政务服务，促进落实租购同权。

提升公租房管理效率，改善住房保障服务。针对平台公租房管理信息系统通过优化办事流程、简化申请材料、联网审核、信息共享等方式，极大提高了管理效率，促进公租房领域“放管服”改革。调研发现，有的地方已实现公租房申请“零填写”，有的地方将原来2名工作人员需花费2个多月才能完成的工作量压缩至2天，工作效率大幅提升。

为地方政府提供住房租赁市场管理工具。平台已成为地方政府管理租赁市场的重要抓手。一是市场主体和租赁交易的线上备案管理。截至 2022 年 10 月，累计完成从业机构备案 7.9 万个，人员备案 189 万个，合同备案 797 万笔。二是实现租赁人口管理，依托房源地址等数据，支持公安等部门“以房管人”。三是落实中央财政支持住房租赁市场发展的奖补政策。平台积极配合长沙、重庆等城市建立中央奖补资金管理流程，实现了财政补贴申请、审核、发放全流程服务，并提供监管与结算支持，有效提升了对奖补资金的管理能力和使用效益。四是落实租赁资金监管，防范市场风险。平台在成都、深圳等城市试点租赁资金监管系统，提供银行同步校验、双向资金清算等功能，为地方政府提供监管租赁企业资金和风险预警的工具。

构建产业联盟，促进行业自律和标准化建设。2019 年，建行依托平台组建了住房租赁产业联盟，成员包括 108 家企事业单位，覆盖了包括设计、施工、家用电器、运营管理、生活服务等在内的上下游行业。联盟通过内部价格机制，显著降低了租赁住房供给成本，如房屋装修成本可下降 20%。平台还积极配合相关部门建立行业标准规范，通过联盟机制加强行业自律和监督机制建设，参与起草了《租赁住房建设运营标准》《公租房基础信息数据标准》等 7 项相关规范和数据标准文件。

三、启示和政策建议

一是充分发挥第三方公益平台对租赁住房发展的重要作用。建行通过搭建第三方平台，发挥国有企业制度优势、政治优势、组织优势和社会责任感，避免了传统租赁平台封闭运作、逐利性强、信息壁垒高等问题。建议充分发挥第三方平台模式公开透明、独立权威、普惠公益等优势，调动各方参与积极性，推动构建住房租赁市场开放共享的格局。

二是创新各市场主体参与住房租赁市场发展的合作模式。第三方公益平台利用市场大数据和信息技术，成为连接各市场主体的租赁服务基础设施。一方面，平台广泛连接住房租赁领域上下游企业和房东、租户，建立交流机制和合作规范，推动各主体信息共享、整合资源，变“产业链”为“产业网”。另一方面，平台为政府监管提供数据支撑，辅助政府决策，并通过连接政府数据和政务系统开展合作。平台的“产业网”作用也进一步促进了政府与租赁企业等社会主体的交流沟通。建议积极创新住房租赁多主体合作发展模式，探索利益共享机制，促进共建共赢。

三是鼓励金融机构多渠道赋能租赁住房发展。建议借鉴建行经验，鼓励金融机构发挥资金、数据和技术优势，对租赁住房发展进行“四项赋能”：通过归集分享市场数据、助力资金监管为政府管理赋能；通过投融资支持、租赁服务系统建设为企业运营赋能；通过租赁贷款、保险等金融服务和信用体系建设为房东和租户安居赋能；通过扩展租赁金融服务场景、创造业务增量实现金融机构自我赋能。

执笔人：王微　邓郁松　牛三元

专题报告七

支持住房租赁市场发展的金融体系探索、成效及启示——以建设银行为例

中国建设银行发挥国有大行信用优势与住房金融优势，开展存房业务，为改建租赁房提供融资支持；创新住房金融产品，多渠道支持住房租赁市场发展。建设银行金融支持住房租赁市场发展的有益探索，取得了较好成效，有效增加了长租房供应，提升了租住品质，并在一定程度上缓解了住房租赁行业融资难问题。建设银行的做法和经验，对完善支持住房租赁市场发展的金融体系有重要启示。

一、开展存房业务：有效增加长租房供应

因住房投资属性过强、租售比过低，不少房主宁愿空置也不愿意出租。据建行统计，我国住房空置率超过20%，6000万～8000万套住房处于闲置状态。同时，租赁市场上的长租房源供应短缺，强迫迁移等引致的租赁关系不稳定使得租住体验差，租客获得感不足。为此，建设银行创造性地开展存房业务，有效增加了长租房供应。

在租赁供应端，建设银行以专项信贷资金支持子公司建信住房公司获取长期稳定房源，引导房主将闲置房屋的长期租赁权“存”到建信住房。

房主一次性收取房屋的长期租赁收益，省心、省力。在租赁需求端，建信住房公司通常并不直接面对租客，而是将房源交给专业机构运营。将“房东—中介—租户”的传统租赁模式，转变为“房东—建信住房—专业运营—租户”的新型长租模式。建设银行金融支持的注入，避免了租赁企业为快速扩张而“高收低租”“长收短付”带来的风险隐患，促进了租赁行业的分工聚焦，实现金融归金融、市场归市场。

二、为改建租赁房提供融资与信用支持

除了通过存房业务整合分散在个人手中的闲置房源，建设银行还通过多种模式支持存量房源改建成高品质租住房源，让园区蓝领、职场白领、青年创客等新市民群体享受到舒适的租住体验。

一是将存量老旧公房改造为租赁房。建信住房将广州市政府所属的“筒子楼”公房改造成供环卫工人租住的“环卫工人之家”。通过联合住房租赁产业联盟企业，改造成本压缩至市场价的八成左右，建设银行提供了总额 308 万元的贷款支持，在免费收房的前提下，每套（面积为 28 平方米）装修费用和利息支出分摊到租金上只有 126 元 / 月，而 560 元 / 套的月租金也完全在环卫工人的承受能力之内。

二是将工业厂房改造为租赁房。针对工业园区产业工人“住得挤、住得差”问题，建设银行将杭州某制鞋厂闲置厂房改造为租赁住房，同时完善公共设施和商业设施，为产业工人提供仅为市场价七折的高品质租住公寓，月租金分别为 207 元 / 床、900 元 / 间、1350 元 / 套，满足“一张床”“一间房”“一套房”等差异化需求。通过申请中央财政对租赁住房建设的专项补助，该改造项目实现了保本微利。

三是提升城中村出租屋的租赁品质。以广州为例，建设银行将冼村、杨箕村等“城中村”村民的5159套闲置房源统一装修后，面向市场出租，为附近工作的白领提供优质租赁住房，既提升了出租屋住房品质，又实现了租赁群体的职住平衡。

四是支持集体土地建设租赁房。在北京的集体建设用地建设租赁房试点中，建设银行通过集体建设用地使用权抵押、在建工程抵押等方式为项目提供融资支持。建好后，建信住房从集体联营公司处获得租赁权并进行必要的装修改造，再交给专业的运营方进行管理。

三、创新住房租赁金融产品，缓解住房租赁行业融资难

作为国内最早开办住房个人贷款等住房金融服务的商业银行，建设银行积极助推租购并举，创新金融产品，支持培育租赁市场。

在城市层面，支持各地保障性租赁住房发展。在全国主要城市对接超过500个保障性租赁住房项目，以专项贷款支持增加小户型、低租金房源供给，助力解决新市民、青年人住房问题。

在租赁机构层面，建设银行创新公司住房租赁贷款，积极推进保障性租赁住房公募REITs试点。同业首创期限最长30年的公司住房租赁贷款，满足租赁企业在新建、改建、收购、运营等不同阶段的融资需求。支持的租赁企业从2018年末的81家增加到2022年10月末的超过900家，贷款余额也从159.7亿元增加到1559.9亿元。在推出私募住房租赁REITs的基础上，试点保障性租赁住房公募REITs，以基金托管、咨询顾问、战略投资等多角色参与首批三单保障性租赁住房公募REITs发行，畅通租赁机构资金退出渠道，吸引更多长期限资金投入住房租赁市场。

建设银行试点设立住房租赁基金，探索房地产发展新模式。住房租赁基金募集规模为300亿元，以市场化、法治化、专业化运作，投资房企存量资产，支持其改造为租赁住房；与有关方面加强协作，增加市场化长租房和保障性租赁住房供给。截至2022年10月末，重点推进项目20余个，项目资产总规模超过100亿元。

建设银行针对住房租赁金融的特点，推出了保险、理财、信托等产品。为房主和租客提供“租房保”系列保险产品，包括家庭财产保险、租金押金损失保险、承租人责任保险、出租人责任保险，累计为超过4亿客户提供90多亿元风险保障。根据房东和租客需求，配置专属理财产品。租赁企业可通过建设银行平台，享受账户余额管理和自动理财、房租（含押金）代扣代缴等服务。

四、启示

建设银行在住房租赁领域探索多渠道金融支持，成效显著，对金融支持租赁住房发展提供了如下启示。

一是在供应端撬动存量闲置房转为长租房。在缺乏低成本土地供应的条件下，大规模建设区位合适的租赁住房并不现实，租赁房将主要来源于存量房。在存房模式中，建设银行扮演闲置资源动员和整合者的角色，将社会上分散的闲置房源转变为集中、稳定的长租房源。长租合同有效降低了收房价格，规模效应降低了长租房源的装修、改造成本。另外，建设银行还为增加长租房供应提供了信用支持。出于种种顾虑，政府闲置公房难以直接对接市场化的专业运营机构。建信住房的国企背景，使政府愿意将闲置公房交出来进行盘活；建设银行提供的融资支持，也让租赁机构有资金实力拿房并对租赁品质进行提升。

二是在需求端撬动“租挺好”住房消费新理念。品质租赁房供应不足、租赁关系不稳定导致租房获得感不强。建设银行将改建好的租赁住房统一冠以“CCB 建融家园”品牌，发挥建融家园长租社区的标杆效应，融入智慧社区、公共服务、金融服务、创业服务等，提供高品质的租住服务，使租客对租房安家有更强认同感。

三是为保障性租赁住房发展提供了新思路。在住房保障的补贴方式选择中，“补人头”（即向低收入家庭发放住房补贴）往往比“补砖头”更有效率，享受货币化补贴的租房者拥有更大选择权。但是，如果可供选择的长租房特别是高品质长租房供应不足，更多的货币去追逐有限的长租房源，“补人头”的实际效果反而可能是推高了租赁市场的租金。因此，只有在有效增加长租房供应的前提下，货币化补贴才能达到预期效果。在存量房源改建为租赁房的过程中，政府给予适当补贴（如杭州“工改租”案例），使改造项目能够保本微利，将更多的市场化租赁房源纳入保障性租赁房体系中，实现政府与保障群体的双赢：政府花小钱办大事，产业工人等新市民群体可以租房安居。

执笔人：王微　邓郁松　王瑞民　牛三元

专题报告八

发挥财政资金撬动作用，积极促进保障性租赁住房发展 *

“十三五”时期，我国财政资金支持保障性住房取得积极成效，2019年资金已经开始支持保障性租赁住房发展。保障性租赁住房是住房保障体系的重要一环，是解决大城市住房突出问题的关键一招，是构建房地产长效机制的坚实一步。“十四五”时期，要充分发挥财政资金的撬动作用，尽力而为、量力而行，因城施策、精准发力，使资金支持对象更加精准聚焦、支持节奏更加灵活有序、支持结构更加科学合理、支持手段更加丰富多样、支持方式更加安全规范。

一、“十三五”时期我国财政资金支持保障性住房取得积极成效

“十三五”期间，为实现全体人民住有所居的目标，财政资金支持租、售、改、补等多种住房保障方式齐发力，不断加大住房保障力度，取得重要成效。

---

* 本文刊发于《中国发展观察》2021年第23期，原文有改动。

（一）资金支出规模逐步扩大

“十三五”时期，国家财政住房保障支出连续5年超过6000亿元，累计高达33610亿元（见图1），比“十二五”增长42.3%。2020年，中央在住房保障领域的本级支出加上各类转移支付合计高达2296亿元，占国家财政投入的32.5%。

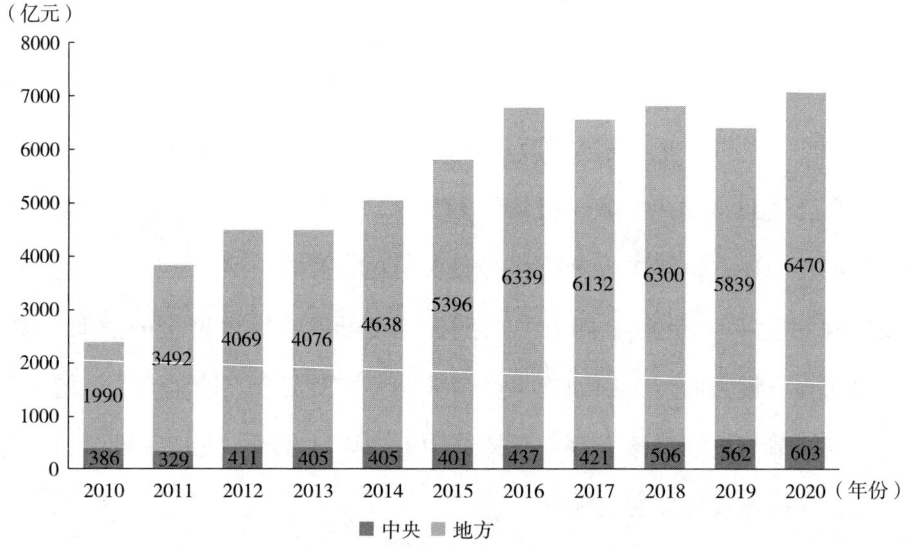

图1　2010—2020年全国住房保障支出

资料来源：Wind。

（二）资金支出渠道更加丰富

“十三五”时期，中央通过一般性转移支付、专项转移支付的方式支持住房保障建设。在一般性转移支付方面，设立中央财政城镇保障性安居工程专项资金，主要支持公租房和城市棚户区改造、老旧小区改造、住房租赁市场，“十三五”时期累计投入5704亿元。在专项转移支付方面，设立中央预算内投资保障性安居工程专项，主要支持棚户区改造、公租房、老旧小区改造的配套基础设施，“十三五”时期累计投入 4507 亿元，占全部中央预算内投资的 16.7%（见图 2、表 1 和表 2）。

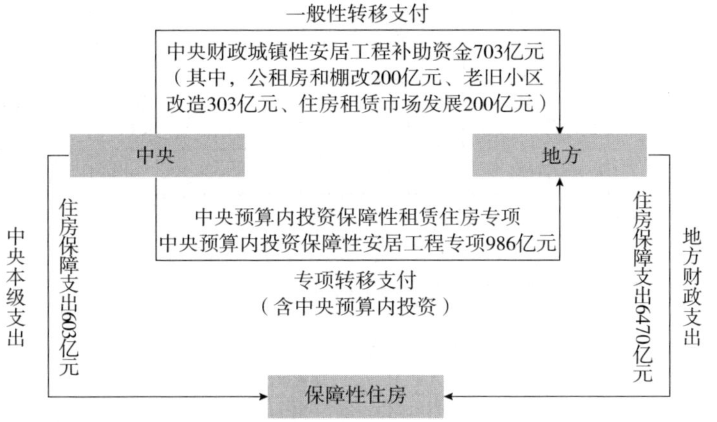

图2　国家财政资金支持保障性住房示意（2020年）

资料来源：课题组整理。

表1　2016—2020年及2021年中央财政城镇保障性安居工程补助资金规模　单位：亿元

年份	公租房和城市棚户区改造	老旧小区改造	住房租赁市场	合计
2016	1216	—	—	1216
2017	1318	—	—	1318
2018	1265	—	—	1265
2019	770	298	134	1202
2020	200	303	200	703
2021	196	305	200	701

资料来源：Wind。

表2　2016—2020年及2021年中央预算内投资保障性安居工程支出规模

单位：亿元，%

年份	全部支出	住房保障支出	中央本级支出	对地方转移支付	住房保障占比
2016	4776	832	17.9	814.1	17.4
2017	5076	866	9.9	855.9	17.1
2018	5376	898	6.7	891.2	16.7

续表

年份	全部支出	住房保障支出	中央本级支出	对地方转移支付	住房保障占比
2019	5776	922	8.7	913.3	16.0
2020	6000	990	4.0	985.8	16.5
“十三五”累计	27003	4507	47.0	4460.0	16.7
2021（预算）	6100	996	2.8	993.0	16.3

资料来源：Wind。

（三）资金支持棚户区改造取得重大成果

“十三五”期间，国家财政加大了对棚户区改造的投入力度。2016—2019年，地方公共财政支出用于保障性安居工程棚户区改造的资金高达6140亿元，是“十二五”时期资金投入的1.55倍，有力支撑了全国棚改累计开工超过2300万套，不仅改善了5000多万名住房困难群众的住房条件，而且对促进房地产市场平稳健康发展起到了积极作用（见图3）。

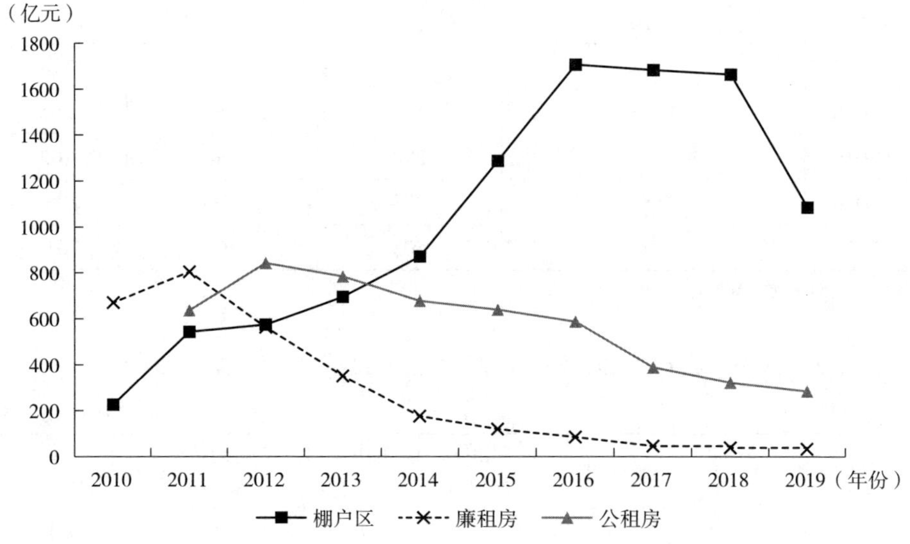

图3　2010—2019年地方保障性安居工程支出

数据来源：Wind。

（四）资金开始支持保障性租赁住房发展

为落实国家关于加快培育和发展住房租赁市场，大力发展保障性租赁住房的要求，2019 年，中央财政城镇保障性安居工程补助资金修改了资金管理办法，在原有公租房保障和城市棚户区改造基础上开始支持住房租赁市场。2021 年，中央预算内投资新设立保障性租赁住房专项，并印发管理暂行办法，支持人口净流入大城市中符合条件的保障性租赁住房建设，推动解决符合条件的无房新市民、青年人等群体的住房困难问题，优先满足从事基本公共服务群体的租赁住房需求，促进有能力在城镇稳定就业生活的常住人口有序实现市民化（见表 3）。

表3　　中央财政城镇保障性安居工程专项资金管理办法

	资金支持范围	政策变化
2014版（财综〔2014〕14号）	城镇低收入住房保障家庭租赁补贴、公共租赁住房和城市棚户区改造	将中央补助廉租住房保障专项资金、中央补助公共租赁住房专项资金和中央补助城市棚户区改造专项资金，归并为中央财政城镇保障性安居工程专项资金
2017版（财综〔2017〕2号）	发放租赁补贴、城市棚户区改造及公共租赁住房建设	实物安置与货币安置相结合，鼓励地方积极推进棚改货币化安置工作
2019版（财综〔2019〕31号）	公租房保障和城市棚户区改造、老旧小区改造、住房租赁市场发展	增加老旧小区改造资金、住房租赁市场发展资金；其中，住房租赁市场发展资金确定住房租赁市场发展示范城市，直辖市每年10亿元、省会和计划单列市8亿元、地级市6亿元

资料来源：课题组整理。

总的来看，“十三五”时期财政资金支持保障性住房的力度不断加大、支持方式不断丰富、支持对象不断拓宽，我国的住房保障网越织越密。但同时也要看到，随着国内城镇化进入后半程，区域分化加深、人口流动加快，大城市住房难题进一步凸显。新市民住房困难问题引起广泛关注，迫切需要财政资金适应新形势新要求，加大对保障性租赁住房的支持。

二、“十四五”时期财政资金支持保障性租赁住房的必要性

新形势下，保障性租赁住房是住房保障体系的重要一环，是解决大城市住房突出问题的关键一招，是构建房地产长效机制的坚实一步。“十四五”时期财政资金支持保障性租赁住房发展具有重要意义。

（一）是满足人民对美好生活新期待，持续保障和改善民生的需要

不断提高人民群众生活水平和质量，是改革发展的根本目的，也是一切工作的出发点和落脚点。现阶段，在人们衣食住行等基本生活需求中，温饱问题已解决，但住的问题还比较突出。由于一些城市房价收入比较高，新市民住房比较困难。建设保障性租赁住房，突出住房的民生属性，让新市民、青年人等群体早一点实现安居，有利于促进实现全体人民住有所居。

（二）是坚持“房住不炒”新定位，完善住房供应体系形成住房长效机制的需要

发展保障性租赁住房，完善以公租房、保障性租赁住房和共有产权住房为主体的住房保障体系，有利于缓解住房租赁市场结构性供给不足的矛盾，充分保障租房者权益；构建租购并举、先租后买、租售同权的新住房制度，分流住房购置需求，促进住房消费健康理性发展。

（三）是顺应人口流动新趋势，支撑城镇化进程健康发展的需要

保障性租赁住房有利于降低农业转移人口、新就业大学生等新市民在大城市生活、工作、就业的刚性支出，为城市发展吸引更多技能人才和公共服务类人才，使他们顺利地融入城市，在城市扎根；有利于降低城市运营成本，支撑新型城镇化，促进消费和内需增长。

（四）是落实国家治理现代化新要求，推进中央与地方财权和支出责任划分的需要

发展保障性租赁住房，是基本住房保障领域中央与地方的共同财政事权，是中央与地方的共同目标和任务，有利于落实基本公共服务提供责任；有利于完善相关转移支付制度，减少转移支付的随意性；有利于提高基本公共服务供给效率，促进各级政府更好履职尽责。

三、“十四五”时期财政资金支持保障性租赁住房的方向

充分发挥财政资金投入的引导性、公益性、保底性、撬动性作用，坚持公平与效率相结合、政府与市场相补充，存量与增量相协调、整体谋划与分步实施相统一，尽量而为、量力而行，因城施策、精准发力，使资金支持对象更加精准聚焦、支持节奏更加灵活有序、支持结构更加科学合理、支持手段更加丰富多样、支持方式更加安全规范。

（一）资金支持对象更加精准聚焦

加强评估论证，划定资金支持城市范围，精准确定支持对象。综合考虑城市人口净流入、租金收入比例、地方财政收支状况、城市发展水平、

区域分布等情况，优先选择人口流入数量大和速度快、租售比和租金收入比高的一线城市和部分二线城市。重点支持北京、上海、深圳、广州等房价高、住房矛盾较为突出的一线城市，以及武汉、郑州、长沙、合肥、成都、西安、南宁、昆明等人口快速流入但地方财力相对薄弱的中西部省会城市，筹措保障性租赁住房房源，提供配套基础设施建设和房租货币化补贴。建议中央财政扩大支持住房租赁城市试点范围，在现有两批 24 个城市的基础上进一步扩大范围，结合第七次全国人口普查情况，重点聚焦长三角、珠三角、京津冀、成渝地区，逐步涵盖全部省会及人口流入较多城市。

（二）资金支持结构更加科学合理

统筹保障性租赁住房房源筹集、配套基础设施建设、房租货币化补贴等资金需求，优化资金支持结构。对于租赁房源供给不足、租金收入比较高的城市，资金支持重点是通过政府筹建、补贴企业园区自建等方式扩大房源；对于租赁房源供给相对充裕、租金收入比较低的城市，资金支持重点是对重点人群的房租货币化补贴；对于租赁房源位置相对偏远，周边配套设施相对薄弱的项目来说，资金支持重点是配套基础设施建设，改善居住品质和环境。

（三）资金支持节奏更加灵活有序

面向“十四五”及更长时期，在保持每年资金支持规模相对稳定、持续增长的同时，根据供需变化合理调整前后不同年份资金支持力度和节奏。把握新型城镇化背景下人口流动和房价变动新趋势，综合运用统计调查、互联网大数据等方式，加强对上述重点城市、农民工和新就业大学生等重点人群、住房和租金等重点价格的常态化监测，提前预判住房市场和保障性租赁住房的供需关系变化，灵活调整年度资金支持力度。

（四）资金支持手段更加丰富多样

成熟的保障性租赁住房项目，将有稳定的租金收益，在当前国家采取严厉措施调控房地产市场的情况下，开发成本低、风险小，利润不高但相对有保障，对民营企业而言有投资价值。要创新支持方式，逐步减少财政资金对房地产行业和企业发展的直接投入，综合运用贴息、股权投资、资本金注入和设立引导基金等方式，带动和吸引信贷、社会和域外等资本投入，激发民间投资活力，放大财政资金的杠杆和乘数效应。加强保障性住房领域的资金整合，给予地方在保障性租赁住房方面更大的资金使用权。

（五）资金支持方式更加安全规范

充分考虑财政未来的承受能力，着力防范金融风险，努力实现中长期综合平衡。为资金管理使用“定规矩”“定用途”“定目标”“定基础”，为资金效益发挥“定时间”，为资金使用主体“定红线”，使资金管理制度化、规范化进一步提高，资金使用效率进一步提高。

四、财政资金支持保障性租赁住房的主要措施

加大中央支持力度，建立评估体系和监测平台，设立投资基金和债券，规范财政资金使用方式，加强配套政策协同，多做打基础、利长远、建机制、可持续的事情。

（一）适度加强中央承担保障性租赁住房的职责和能力

按照财权和事权相统一的原则，建立中央和地方财政投入的责任分担机制。在完善中央决策、地方执行机制的基础上，适度加强中央政府在承担保障性租赁住房上的职责和能力，发挥好中央在制度设计、规划编制、政策制定、法律起草、转移支付等方面的作用，加大对财力相对薄弱城市的支持力度，给予一线城市在用地方面更大的自主权，落实好地方政府在租赁房源筹集、房源分配、财政投入、配套政策等方面的职责。

（二）建立财政资金支持保障性租赁住房城市评估体系

围绕财政资金"支持谁、支持多少"，在全国建立城市评估体系，构建涵盖人口流入数量、人口流入速度、租金收入比、房价收入比、人均住房面积、人均可支配收入、一般预算收入等指标在内的指标体系，评估城市保障性租赁住房的供需情况、缺口大小，对财政资金支持的城市优先级进行排序。

（三）搭建重点城市保障性租赁住房供需监测平台

建立"互联网＋大数据"平台，规范数据采集制度，推动住房保障、房地产、民政、银行、税务、公安等部门信息共享，加强对保障性租赁住房的动态监测和管理，准确、全面、及时收集信息和发布科学预测。

（四）设立保障性租赁住房发展投资基金和债券

鼓励社会参与，进行多元化融资，以政府名义设立保障性租赁住房发展投资基金、发行建设保障性租赁住房债券，吸引社会闲散资金。给予开发商税收优惠，引导企业参与保障性租赁住房建设，让企业帮助政府建造一定数量的保障性租赁住房。

（五）通过保障性租赁住房立法规范财政资金使用

制定保障性住房租赁市场的法律法规，明确租赁双方的权利和义务，切实保障双方的合法权益，维护住房租赁市场的良好秩序，为住房租赁市场的长期健康发展奠定法律基础。规范财政资金支持保障性租赁住房使用方式，推进财政资金使用管理制度化、规范化、科学化。

执笔人：王继源

专题报告九

抓住三个重点　降低租赁住房税费负担

2021年的政府工作报告提出“降低租赁住房税费负担，尽最大努力帮助新市民、青年人等缓解住房困难”。从课题组的调研情况看，税费负担重已成为制约住房租赁市场发展的重要因素。建议抓住“降低租赁企业房产税税率、对个人出租住房采取综合征收和落实水电气热价格执行居民生活类标准”这三个重点，切实降低租赁住房税费负担。

一、租赁企业反映房产税负担较重

租赁企业新建或改建租赁住房是规模化租赁住房供应的主要来源。调研发现，租赁企业总体税负较重。租赁企业改造存量房源用于出租，需要承担租金收入11% ~ 15%的总体税负，新建租赁住房则需要承担高达19% ~ 25%的总体税负。当前租赁市场出租回报率低、投资回报期长，改建类的租赁住房投资回报期在7 ~ 8年，利用国有土地新建租赁住房的投资回报期达18年之久甚至更久。较高的税费负担，抑制了市场主体进入长租房市场的意愿。

房产税是目前租赁企业缴纳的主要税种，企业普遍反映希望房产税税率降低。按现行税收规定，对企事业单位、社会团体以及其他组织按市场价格向个人出租用于居住的住房，减按4%的税率征收房产税。但由于以下三点原因，上述税收优惠难以落实。一是基层税务机关将“用于居住的住房”按照规划用途的“住宅”确定，而企业出租的房屋多为工业厂房、商业用房改建而成，规划用途都不是租赁住房。二是不少租赁机构都是面向企业，与企业签订租赁合同，由企业再租给员工，不符合“向个人出租”的条件。三是市场价格没有明确标准，实际执行中难以把握。因此，在实际征收中，机构或企业在出租规划用途不是住宅的房屋时，需缴纳相当于租金收入12%的房产税。对存量房源改造用于出租时，需要在租入时即缴纳，新建租赁房则在出租时缴纳。

此外，企业出租还需缴纳5%的增值税和税前利润25%的所得税。当前阶段，由于增值税能够通过装修改造等支出进行较多抵扣，加上大部分住房租赁企业处于微利状态，实际缴纳的增值税和所得税不多。

二、个人租赁住房名义税负不低，但征收难度大

个人出租住房是租赁住房供应的主渠道。按现行税收管理办法，个人出租住房，需要缴纳租金收入4%的房产税、减按1.5%征收的增值税以及减按10%征收的个人所得税，总体名义税负不低。但个人房源分散，加上信息不对称，相关税费征收难度较大，实际税负显著低于名义税负。目前，我国城市90%以上的租赁住房均为散户出租，较高的名义税负导致个人住房出租行为普遍转到“地下”进行，出租人不愿上政府租赁管理服务平台进行备案。这不利于住房租赁市场监管，也难以有效保障租赁双方的合法权益。

为鼓励个人将闲置住房用于出租，目前许多城市已经对个人出租住房

实施了一定的税收优惠。例如，广州规定月租金收入在2000元以下的综合征收率为2%；北京、深圳规定月租金收入10万元以下的综合征收率为2.5%。南京出台政策，个人通过政府租赁平台办理合同网签备案的，在2022年底前综合征收率为0，备案房源数量从8万套增加到了22万套。

三、改建类租赁住房水电价格偏高

调研中企业普遍反映，多数改建类租赁住房项目的水电气热价格仍按照商业用途收取，没有执行居民生活类标准的政策。2016年，《国务院办公厅关于加快培育和发展住房租赁市场的若干意见》（国办发〔2016〕39号）要求，商业用房等按规定改建为租赁住房，用水、用电、用气价格应当按照居民标准执行。但目前许多城市改建类租赁住房仍按照商业价格缴纳水电费，相同用量下，每间租赁房的租客每月需多负担50 ~ 200元。调研发现，政策之所以难落实，主要是因为改建类租赁住房的土地规划用途调整难，专业公司缺乏政策执行依据。

四、政策建议

一是以降低房产税为切入点减轻租赁企业相关税费。为切实降低房产税税率，建议各地出台租金指导价，为税务部门提供清晰依据，同时明确实际用途改为租赁住房、用于个人租住（不论租赁合同是与企业签订还是与个人签订）且经过备案的，不论规划用途是商业、办公还是工业，房产税均执行4%的优惠税率。

二是对个人出租住房按照不高于2%的税率进行综合征收。租赁住房试点城市可根据本地实际进一步降低税负水平，引导个人将多余住房用于出租。为鼓励个人出租住房进行平台备案，推广“南京实践”，对出租价格不高于政府租金指导价且在政府租赁平台上签约、备案的个人租赁住房，一定时期内可规定综合税率为0。

三是加快落实水电气热价格执行居民生活类标准的政策。以部门证明作为执行依据，落实改建类租赁住房水电气热价格执行居民生活类标准。具体做法是，地方住建部门调查备案后，向工业、商业用房改建后作为租赁住房项目出具相关证明文件，只要确实用于居住用途的，水电气热等公共事业专营机构就可按居民生活类标准进行收取。

执笔人：邓郁松　王瑞民　牛三元

专题报告十

绿色租赁住房：理念起源、国际实践及对我国的启示

绿色租赁住房是绿色发展理念在住房领域的重要实践。选用绿色建材、节能家电和技术，并通过激励相容的制度安排有效解决租户与房东间的信息不对称与激励分割问题，可有效提升住房能源效率。发达经济体通过明确绿色租赁发展目标与时间表、对房东和租户进行必要补贴等方式进行了较为丰富的政策探索，可为我国在人口净流入的大城市发展绿色租赁住房、降低新市民群体租住能耗负担提供有益参考。

一、绿色租赁住房理念的起源和发展

绿色租赁住房的兴起，与建筑行业巨大的能源消耗和碳排放密切相关。传统租赁方式难以解决租户与房东在能源效率方面的激励分割问题，租赁住房的能源效率显著低于自有住房。

（一）建筑的建造与使用带来了巨量的能耗和碳排放

建筑的建造和使用产生的能耗和碳排放超过全球总能耗和能源相关的碳排放的三分之一。其中，建筑建造业的能耗占全球能耗的6%，居住类

建筑产生的能耗占 22%，非居住类建筑占 8%，合计占比 36%。建筑建造业产生的碳排放占全球能源相关的碳排放的 10%，居住类建筑占 17%，非居住类占 10%，合计占比达到 37%（见图 1）。

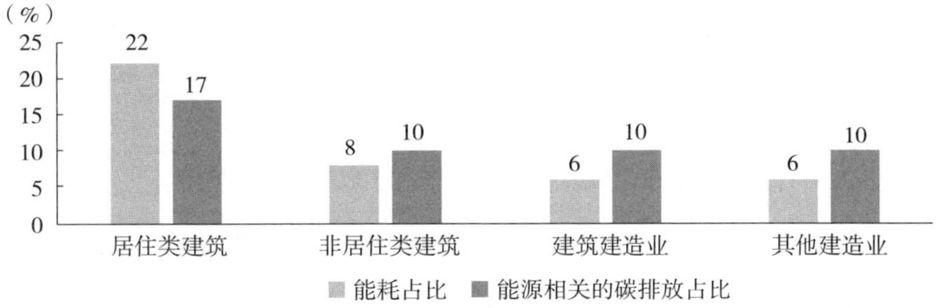

图1　建筑建造与使用产生的能耗和碳排放占比（2020年）

资料来源：2021 Global Status Report for Buildings and Construction。

（二）租房家庭的能源负担率要高于自有住房家庭

租房家庭的收入通常低于自有住房的家庭，但租房家庭的能源负担率显著高于自有住房家庭。美国节能经济委员会的研究显示，2020 年美国家庭年收入的中位数为 58000 美元，能源支出中位数为 1800 美元，能源支出占家庭收入的 3.1%。租房家庭的年收入中位数为 36000 美元，约为平均水平的六成，能源支出中位数为 1320 美元，能源支出占家庭收入的 3.7%，高于平均水平，其中能源支出占家庭收入比重超过 6% 的占 30%，超过 10% 的占 17%（见表 1）。自有住房的家庭能源支出占家庭收入的 2.9%。租房家庭的能源负担率要高出自有住房的家庭 0.8 个百分点。

表1　美国住房能源负担分组（2020年）

分组	样本量	平均能源负担率	年收入中位数	年能源支出中位数	较高负担（>6%）	重度负担（>10%）
所有家庭	53537	3.1%	$58000	$1800	25%	13%

续表

分组	样本量	平均能源负担率	年收入中位数	年能源支出中位数	较高负担（>6%）	重度负担（>10%）
租房者	20455	3.7%	$36000	$1320	30%	17%
自有住房者	33082	2.9%	$75000	$2160	22%	11%

资料来源：Drehobl, Ariel, Lauren Ross and Roxana Ayala，“How High Are Household Energy Burdens.” An Assessment of National and Metropolitan Energy Burdens across the US（2020）。

（三）住房租赁市场缺乏激励相容的节能制度安排

住房租赁市场能耗居高不下，主要是因为缺乏激励相容的节能制度安排。[①] 与居住在自有住房不同，租赁住房能源效率的提高需要房东和租户合作。但传统的租赁协议一般不允许租户对房屋进行能效升级等结构改造，即使房东愿意进行能效升级改造，也缺乏能够让房东收回改造成本的合约安排。[②] 能源效率较高的材料和设备的成本也更高，房东却无法收取更高的租金以回收成本。美国超过三分之一的住宅能源利用因缺乏激励相容的制度安排而难以实现效率提升。[③] 英国的租赁住房部门的能源利用效率处于全国最低水平。[④] 此外，传统的租赁协议中并没有对住房能效数据的记录和分享，住房能效升级管理也就无从谈起。

（四）绿色租赁住房理念的发展

在上述背景下，部分发达国家兴起了绿色租赁住房的热潮，即通过直

① Murtishaw, Scott and Jayant Sathaye，“Quantifying the effect of the principal–agent problem on US residential energy use.”（2006）.

② Janda K. B., Bright S., Patrick J., et al.. The evolution of green leases: towards inter–organizational environmental governance[J]. Building Research & Information, 2016, 44（5–6）: 660–674.

③ Feierman, Andrew，“What’s in a Green Lease? Measuring the Potential Impact of Green Leases in the US Office Sector.” US: Institute for Market Transformation, April（2015）.

④ Ambrose A. R.. Improving energy efficiency in private rented housing: Why don’t landlords act?[J]. Indoor and Built Environment, 2015, 24（7）: 913–924.

接租赁符合绿色标准的住房、使用能效更高的家电设备或通过绿色租赁协议对租赁住房进行升级改造等方式，将“绿色”概念引入租赁住房领域[①]，从而实现租赁住房能源效率提高、租户能源成本节约、居住环境优化等目标。2006年，澳大利亚率先于政府建筑中推广绿色租赁理念，将“绿色租赁时间表”附加在政府建筑租赁合同中。作为一项法律文书，“绿色租赁时间表”为租户和房东就能源利用效率提升明确了新的合同义务。[②] 澳大利亚的政府租赁办公楼约占办公租赁市场的30%，对于绿色租赁在其他类建筑领域的推广起到了很好的引领作用。[③] 随后，绿色租赁理念逐步被引入英国、美国、瑞典等国家的办公用房租赁和住房租赁中。

二、绿色租赁住房的三大比较优势

与传统租赁住房相比，绿色租赁住房能源利用效率更高，更有利于保护环境。参与绿色租赁住房项目可实现租户与房东的双赢：租户节约了住房支出，住房满意度显著提升；房东的维护成本降低，还可获得一定的租金溢价。

（一）绿色建材、家电设备提高了能源效率和环境收益

绿色租赁住房通常使用绿色建材和家电设备，能源效率明显高于传统

---

① 绿色建筑早于绿色租赁住房，其萌芽是20世纪60年代美国提出的“生态建筑”。但直到1992年，联合国环境与发展大会上与会者才第一次比较明确地提出“绿色建筑”概念。详见住房和城乡建设部科技与产业化发展中心：《世界绿色建筑政策法规及评价体系》，北京：中国建筑工业出版社，2014年版。

② Woodford, Lloyd，“The green lease schedule” *Proceedings of ECEEE Summer Study*，Vol. 49. 2007.

③ Burroughs S.. Green leases in Australia: an analysis of current trends and issues[C]//SB11 Helsinki World Sustainable Building Conference. 2011: 18–21.

租赁住房。以美国的“能源之星”项目为例，获得“能源之星”认证的家电能耗节约效果显著。洗衣机的能耗降低了 33%、用水成本下降 50%，干衣机的能耗降低了 20%，电冰箱能耗降低了 15%，空气净化器的能耗降低了 40%（见图 2）。

（二）租户住房负担降低

对租户而言，租赁住房能源效率的提高直接降低了水电等费用，从而减少了住房支出。这一点对于对水电费用敏感的低收入家庭而言尤其重要。居住在绿色租赁住房中的租户住房满意度更高，美国总务署（the General Services Administration）的研究显示，绿色建筑的居住者满意度比住在传统建筑中的人高出 27%，具体体现在照明、声学、热能、清洁、空气质量等方面（见图 3）。①

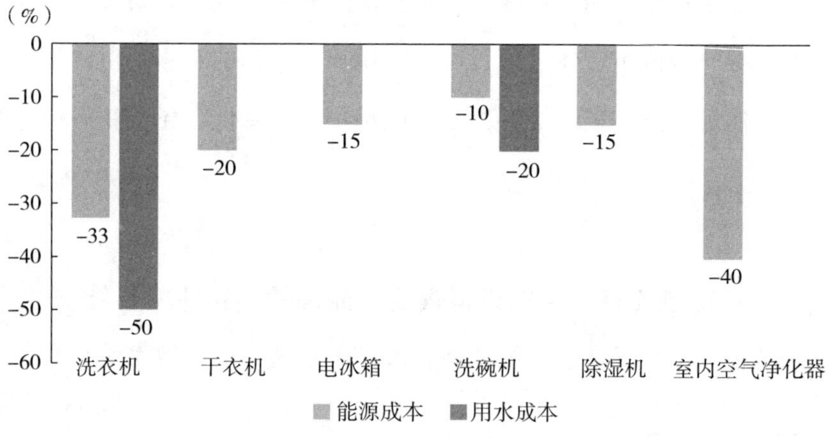

图2 获得“能源之星”认证的家电的能源节约情况

资料来源：Terri Williams. Energy efficiency appliances: Worth the investment? August 29, 2019。

① “Assessing Green Building Performance, a Post Occupancy Evaluation of 12 GSA Buildings”, p.14.

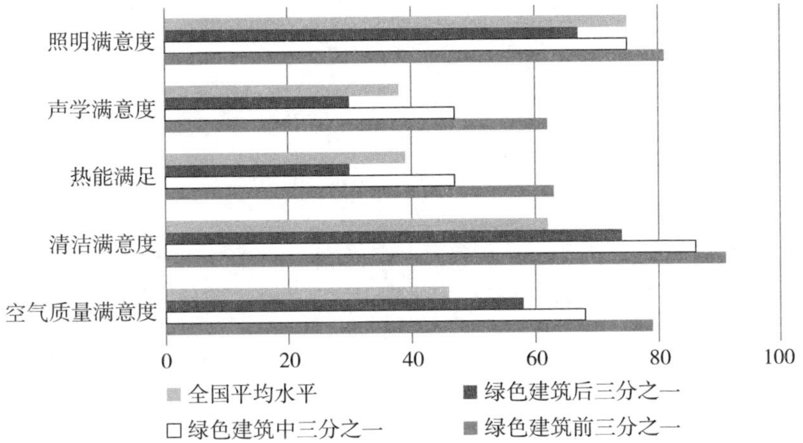

图3　美国绿色建筑居住满意度

资料来源："Assessing Green Building Performance, a Post Occupancy Evaluation of 12 GSA Buildings"，p.15。

（三）房东维护成本降低的同时可获得一定的租金溢价

对房东而言，绿色租赁住房的维护成本更低。包括水电、维护、清洁、废弃物回收费用在内的绿色建筑的"综合运营成本"比市场平均水平低19%（见图4）。[①] 此外，房东对租赁住房的绿色改造投资还可获得一定的租金溢价。美国国家多户住房委员会（National Multifamily Housing Council）的调研发现，租户愿意为获得"绿色建筑"认证的租赁住房额外支付32.64美元/月的租金。[②]

① Fowler K. M., Rauch E. M., Henderson J W, et al. Re-assessing green building performance: A post occupancy evaluation of 22 GSA buildings[R], Pacific Northwest National Lab.（PNNL）, Richland, W. A.（United States）, 2010.

② Are apartment renters willing to pay more for green features? March 28, 2016.

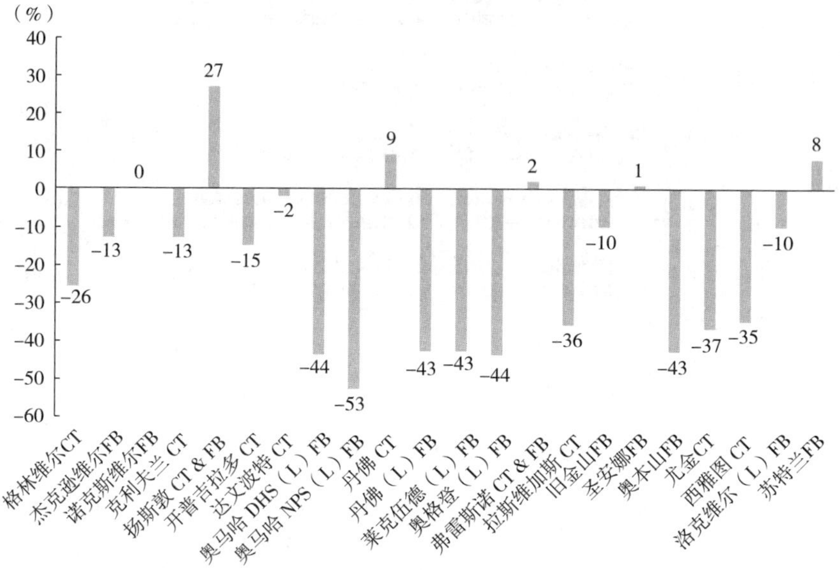

图4　部分绿色建筑物的运营成本与基准线的比较

注：①图中横轴格林维尔CT、杰克逊维尔FB、诺克斯维尔FB等为绿色建筑物的名称；②“总运营成本”包括水、能源、一般维护、场地维护、废物和回收以及清洁成本。平均而言，所调研的绿色建筑物的总运营成本比基准线低19%。

资料来源：Fowler K. M., Rauch E. M., Henderson J W, et al. Re-assessing green building performance: A post occupancy evaluation of 22 GSA buildings[R], Pacific Northwest National Lab.（PNNL）, Richland, W. A.（United States）, 2010。

三、发达经济体促进绿色租赁住房发展的政策探索

主要发达经济体绿色租赁住房的发展是政府与市场合力的结果。政府明确了绿色租赁发展目标和时间表，并对房东与租户给予一定的补贴和税收优惠，鼓励其参与绿色租赁；住房市场上各类绿色建筑认证机构和绿色技术的发展则为绿色租赁住房的发展提供了必要的技术条件。

（一）为住房领域的能效提高制定时间表

主要发达经济体都为住房领域的能效提高制定了明确的时间表。欧盟提出，2030 年的温室气体至少比 1990 年减排 50%，建筑减排是重中之重。[①] 瑞典最新的建筑法规要求建筑物能耗比 1993 年降低 20%。[②] 澳大利亚颁布《低能耗建筑指南》（*Trajectory for Low Energy Buildings*），涉及翻新和租赁等各个环节的能源效率提升。[③] 美国则要求住宅的能源效率遵循国际节能规范（IECC）[④]，2006 年到 2021 年，美国建筑物的能效标准提高了 40%，平均每五年提高 8%。[⑤]

（二）在绿色租赁协议中明确权责，解决房东和租户激励分割

针对房东与租户在能效升级方面存在的激励不相容困局，绿色租赁协议对房东和租户的权责进行了明确的规定。美国的租户能源优化计划（The Tenant Energy Optimization Program）是城市土地学会（Urban Land Institute）实施的一项绿色租赁住房计划。[⑥] 入住前，参与该计划的房东需要对房屋能效进行升级改造；入住后，房东还需要向租户提供能源设备的运行效率数据。房东和租户可凭借相关能效信息参加绿色租赁住房的相关

---

① Energy efficiency directive，https://ec.europa.eu/energy/topics/energy-efficiency/targets-directive-and-rules/energy-efficiency-directive_en.

② Janda K. B., Rotmann S., Bulut M., et al.. Advances in green leases and green leasing: Evidence from Sweden, Australia, and the UK[C]//Proceedings of ECEEE Summer Study. European Council for an Energy Efficient Economy（ECEEE）, 2017, 2: 349-358.

③ Trajectory for Low Energy Buildings，https://www.energy.gov.au/government-priorities/buildings/trajectory-low-energy-buildings.

④ Energy Codes and Standards by Martha G. VanGeem，CTLGroup. Revised and updated by Ryan M. Colker. Sustainable Buildings Industry Council，10-24-2016，https://www.wbdg.org/resources/energy-codes-and-standards.

⑤ IECC: 2024 and Beyond，https://www.iccsafe.org/products-and-services/i-codes/code-development/iecc-2024-and-beyond/.

⑥ https://tenantenergy.uli.org/.

评级和认证。①

在英国，绿色租赁住房协议需要房东和租户的一致同意方可签署。入住前，房东必须提供房屋的能源性能证书（EPC）等相关证明材料。房东对房屋能效升级改造的费用可从租户节省的能源费用中分期弥补。英国的能源法案还保障了租户要求改进租赁住房能效的权利，从 2016 年起房东不得拒绝租户提出的安装绿色设备的合理请求，从 2018 年起房东应确保其私人出租物业符合最低能效标准，或者根据绿色租赁协议进行相应的能效升级改造。②

（三）发展权威的第三方绿色建筑认证

发展权威的第三方绿色建筑认证，能够为房东对租赁房进行绿色改造提供明确的标准。1990 年，英国绿色建筑研究所提出了全球第一个绿色建筑评估体系——建筑研究机构评估法（Building Research Establishment Environmental Assessment Method）③。

美国绿色建筑委员会 1998 年实施的能源与环境设计先锋认证（Leadership in Energy and Environmental Design）通过评估建筑物的用水效率、场地可持续性、能源效率等关键指标来衡量建筑的可持续性，是目前世界上应用最广泛的绿色建筑认证体系，在美国一些州和部分国家已被列为法定强制标准。④获得认证的租赁住房可以获得较高的租金溢价。美国

---

① ULI Tenant Energy Optimization Program. 10 Steps for Multifamily Owners, Operators, and Investors to Achieve Energy Optimization in Residential Units.

② Getting a Green Deal: information for householders and landlords. From Department for Business, Energy & Industrial Strategy, Published 22 January 2013. https://www.gov.uk/guidance/getting-a-green-deal-information-for-householders-and-landlords#history.

③ 刘加平、董靓、孙世钧：《绿色建筑概论》，中国建筑工业出版社，2010年版，第8页。

④ Oberle K., Sloboda M.. The importance of "greening" your commercial lease[J]. Real Estate Issues, 2010, 35（1）: 32.

环保局和能源部的能源之星（Energy Star）认证则旨在推广绿色节能产品（包括家电、电子产品、建筑材料、灯具等）。获得能源之星认证的住宅和公寓的能源效率比传统建筑高 10%。[①] 加拿大绿色建筑认证（Built Green Canada）创建于 2003 年，是一项专注于住宅建筑的国家认证计划，着重考察住宅建筑在能源和围护结构、材料和方法、室内空气质量、通风、废物管理、节水等方面的能源效率。截至 2020 年底，已经有 41522 套住宅通过加拿大绿色建筑认证（见表 2）。[②]

表2　主要的绿色建筑第三方认证系统（1990—2003年）

年份	国家	支持单位	认证系统	备注
1990	英国	英国绿色建筑研究所	建筑研究机构评估法（Building Research Establishment Environmental Assessment Method）	全球第一个绿色建筑评估体系
1992	美国	美国环保局和能源部	能源之星认证（Energy Star）	绿色节能产品
1998	美国	美国绿色建筑委员会	能源与环境设计先锋认证（Leadership in Energy and Environmental Design）	世界上应用最广泛的绿色建筑认证体系
2003	加拿大	加拿大自然资源部	加拿大绿色建筑认证（Built Green Canada）	住宅建筑

资料来源：刘加平、董靓、孙世钧：《绿色建筑概论》，中国建筑工业出版社，2010年版，第8页。

（四）通过税收减免和补贴鼓励房东和租户参与绿色租赁住房项目

为鼓励绿色节能设备的使用，美国政府为安装太阳能设备的住房提供税收抵免。虽然上述优惠主要针对自有住房，但如果该住房部分时间自

① https://www.energystar.gov/about.

② https://www.builtgreencanada.ca/.

住、部分时间出租也可以享受一定的税收抵免。[①]此外，美国新建的公共住房很大一部分是使用低收入住房税收抵免建设的，须符合第三方绿色建筑的认证标准。[②]英国政府于 2020 年 9 月启动了一项 15 亿英镑的补贴计划，旨在助力房东进行节能改造，每户最多可获得 5000 英镑的政府补贴。在特定情形下，上述补贴完全可覆盖绿色升级改造的全部费用。[③]

四、政策启示与建议

我国建筑领域的能源消耗占到全社会总能耗的 40%[④]，能源支出占居民总支出的比重也在不断攀升[⑤]。与之形成鲜明对比的是，虽然我国 2006 年便颁布了《绿色建筑评价标准》，但存量绿色建筑规模小，每年获得绿色建筑标识的居住建筑仅 100 多个[⑥]，绿色租赁住房尚未实质性起步。当前阶段，人口净流入大城市的新市民群体住房困难问题较为突出。水电气等能源相关费用在住房支出中占比不低。建议合理借鉴国际经验，在人口净流

① Federal Tax Credit for Residential Solar Energy. Updated for Tax Year 2020 / August 7, 2021 06:56 AM，https://turbotax.intuit.com/tax-tips/going-green/federal-tax-credit-for-solar-energy/L7s9ZiB4D.

② Green Building in Low-Income Housing Tax Credit Developments，https://www.huduser.gov/portal/pdredge/pdr_edge_featd_article_061614.html.

③ Green Homes Grant: make energy improvements to your home，https://www.gov.uk/guidance/apply-for-the-green-homes-grant-scheme.

④ 2018年中国建筑业建造的能耗占全社会能耗的14%，建筑运行所带来的能耗占全社会能耗的28%；建筑建造所排放的CO_2量占社会总量的22%，建筑运行排放的CO_2量占社会总量的20%。参见清华大学建筑节能研究中心：《中国建筑节能年度发展研究报告 农村住宅专题 2020版》，中国建筑工业出版社，2020年版。

⑤ 1992—2017年，中国居民生活用能消费支出由328.29亿元增加到15696.25亿元，年均增速15%；生活直接用能支出占支出的比重也不断增加，由1992年的3.9%增加至2017年的7.6%。见柴士改：《最终消费能源消耗核算研究》，社会科学文献出版社，2020年版。

⑥ 2016年，全国累计获得绿色建筑标识的项目有4515个，其中居住建筑占46%，2020年获得绿色建筑标识的建筑共273个，其中居住建筑105个，2021年上半年获得绿色建筑标识的建筑有201个，其中居住建筑61个。

入的大城市发展绿色租赁住房，有效降低新市民群体租住的能耗负担，提升其居住环境，实现住房领域绿色发展。

一是通过金融和税收支持租赁住房的绿色改造升级。盘活存量是租赁住房的主要来源。通过金融资源的倾斜鼓励存量住房改造成租赁房时使用绿色节能材料和高能效的水电暖设备，通过绿色建筑认证后可在出租时享受相应的税收优惠。在前期试点阶段，可设立绿色租赁住房专项资金，通过补贴引导房东和新市民参与绿色租赁。对于采用绿色材料、节能家电进行租赁住房改造的参与者，补贴其成本高出采用普通材料的部分。中长期，要注重对绿色租赁住房全生命周期的经济效益分析，为相关绿色改造主体提供激励相容的政策设计，促进绿色租赁住房的可持续发展。

二是制定住房绿色租赁参考协议，明确房东和租户的权责。以是否签订绿色租赁协议作为享受绿色租赁优惠政策的前置条件。房东需要提供所出租房屋的绿色认证情况或根据协议对房屋能效进行升级改造。租户能源使用成本降低，住房负担显著降低，有义务定期分享能效数据，并负责对绿色租赁住房的节能设备进行定期维护。未来，还可考虑将碳交易机制引入绿色租赁住房领域，为房东和租户提供有效的经济激励。

三是发展保障性绿色租赁住房。将绿色租赁理念贯穿到保障性租赁住房发展进程中。符合绿色租赁标准的住房可优先纳入政府的保障性租赁住房的市场房源范围，可享受相应的政策优惠。新建的保障性租赁住房，则应全部采用绿色建筑材料与节能家电。通过绿色保障性租赁住房引领全社会绿色租赁住房新时尚。

执笔人：龙婷玉　王瑞民

专题报告十一

美国租房券计划对我国发展保障性租赁住房的启示

源自美国的租房券是一种政策成本低、精准有效的租赁住房支持方式，已经成为美国住房短缺状况缓解后的主要保障手段。发达国家租房券政策实践可为我国发展保障性租赁住房，以政策支持撬动市场力量，缓解新市民群体住房困难，特别是盘活存量房源用于租赁提供有益参考。

一、租房券是住房短缺状况显著缓解后的支持政策

早在20世纪30年代，全美房地产协会理事会便提议将租房券（Housing Vouchers）作为政府补助低收入群体住房的政策工具选项。① 但在经济大萧条背景下，应对危机是首要的政治经济任务，建设公共住房成为最佳政策选项，租房券提议被搁置，因为公共住房既可以为失业者提供住房，建造过程中还能创造大量就业。② 直到1974年，租房券才正式纳入美国住房政策体系，这是因为40年间住房总体供求形势与公共住房状况均发生了重大而深刻的变化。

---

① Orlebeke C. J., The evolution of Low-Income housing policy, 1949 to 1999[J]. Housing policy debate, 2000, 11（2）: 489–520.

② 1933年，美国有1500万人失业，其中三分之一来自建筑行业。

一是住房短缺状况显著缓解。在住房总体短缺的情形下，发放租房券将主要推升租金而非增加租赁住房供应。经过“二战”后大规模的住房建设，美国的住房短缺状况在20世纪70年代已经显著缓解。仅1963—1973年，美国新建住宅就达到2000万套，超过以往任何一个10年的增量。无论是私人住宅的新开工量，还是销售量，均在1972年达到阶段性峰值（见图1）。住房供应状况有了从供不应求到总体平衡的根本性改观，为住房保障从“补砖头”向“补人头”转变提供了现实可行性。

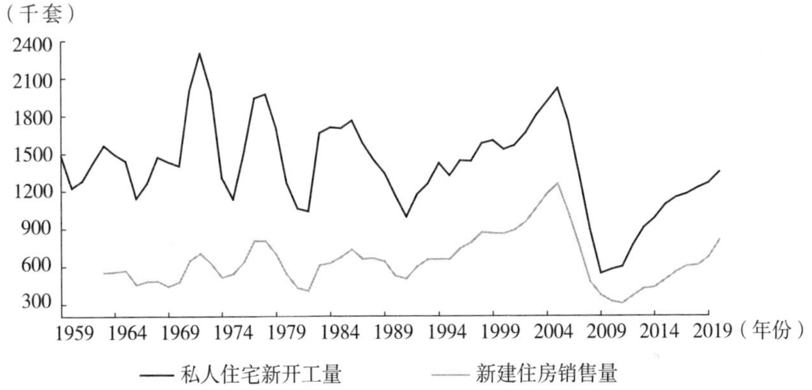

图1　美国私人住宅开工量与销售量（1959—2019年）

资料来源：Wind。

二是公共住房面临诸多社会问题。“千金买房、万金买邻”，邻里关系对生活水平和生活质量都会产生显著影响。低收入人群集中居住在公共住房社区，导致其成为城市中新的“贫民窟”。此外，公共住房建设和维护成本高，对私人住房市场的供应产生了显著的挤出效应。

在此背景下，旨在通过增加流动性来分散贫困，为低收入人群提供更多居住选择的租房券计划应运而生。1974年，美国第一个租房券计划（当时称为租赁凭证）出台。租房券本质上是一种消费券，持有者可在能够提供充足教育、就业和其他机会的社区中选择合意的住房。[①]需要说明的是，早在20世纪60年代，美国公共住房当局就曾以市场价租赁私人房屋，再以较低价格转租给有资格享受公共住房者，差额由政府补贴。但与租房券相比，低收入群体的居住选择权利尚未得到充分保障。

为充分评估租房券的利用效果与可能的政策影响，美国联邦政府开展了名为“住房津贴计划”（EHAP）的社会科学实验。该计划为12个城市的租户提供了总计1.75亿美元的租房消费券。得益于“海量的数据、精心的设计以及一丝不苟的分析团队”，对住房津贴的可行性争论得以消弭。随后，租房券条款经历了多轮修改，适用范围不断扩大。1987年，允许租房券持有者在大都市地区的任意区域使用；到1999年，使用范围进一步扩大为美国的任意区域。[②]目前，租房券已经被广泛接受，并被认为是效果最佳、最具成本效益的住房补贴形式。[③]

二、租房券的发放对象、租房选择与补贴方式

租房券旨在通过提供住房消费券让中低收入者住上“体面”[④]且可负担的房子。租金补贴直接支付给房东，数额为家庭可负担的合理租金上限与公平市值租金间的差额。参与租房券计划的租赁房须符合特定的建筑质量要求。

---

① Williamson A. R., Smith M. T.. Strambi-Kramer M. Housing choice vouchers, the low-income housing tax credit, and the federal poverty deconcentration goal[J]. Urban Affairs Review, 2009, 45（1）: 119-132.

② Lens M. C., Ellen I. G.. O'Regan K. Do vouchers help low-income households live in safer neighborhoods? Evidence on the housing choice voucher program[J]. Cityscape, 2011: 135-159.

③ Orlebeke C. J.. The evolution of Low-Income housing policy, 1949 to 1999[J]. Housing policy debate, 2000, 11（2）: 489-520.

④ 美国《1949年住房法案》（*Housing Act of 1949*）中制定的住房政策目标是“让全体美国人尽快搬进体面的家，享受稳定、良好的居住环境”。参见[美]格温德琳·赖特著，王旭等译：《筑梦：美国住房的社会史》，商务印书馆，2015年版，第301页。

（一）发放对象：中低收入家庭

租房券的发放对象仅限于美国公民和具有合格移民身份的特定类别的非公民。一般而言，家庭收入低于所在县或大都市区家庭收入中位数的50%。收入中位数水平由美国住房和城市发展部（HUD）定期公布，并根据各地情况进行适当调整。公共住房管理署（PHA）负责收集申请者的家庭收入、资产、家庭构成等信息，并与申请人的雇主、银行等机构核实，以此来确定申请者是否具备享受租房券补贴的资格以及可享有的具体补贴数额。拿到租房券后，持有者需要在120天内找到合适的住房。

（二）租房选择：符合质量和安全要求的任何住房

较之公共住房，租房券最显著的政策特点是将住房选择权还给申请者。获得房东同意后，申请者可选择区域内符合特定质量、面积和安全标准的任何住房。租房券发放前，相关部门将对租赁房的质量进行检查。如果申请者因工作变动等需要换房，需提前通知公共住房管理署。解除租约并找到合适的替代住房后，租房券可继续抵扣新租赁房的房租。

（三）租金补贴数额与支付方式

早期租房券被称为租赁凭证，根据申请者的收入水平进行分档补贴，可弥补申请者合理住房开支与公平市值租金的差额，为确保租房券补贴专款专用，这一差额由公共住房管理署直接支付给房东。家庭收入的25%被认为是一个家庭住房支出的合理上限，超过这一比重则被认为承受着严重的住房支付负担。公平市值租金标准根据近期出租的房租中位数确定①，每

① 1984年联邦政府将百分位从中位数（50）降到45，1995年进一步降到40。2001年，联邦政府又将租金水平最高的39个住房市场的公平市值租金回调到中位数。参见[美]阿列克斯·施瓦兹著，陈立中译：《美国住房政策》（第二版），中国社会科学出版社，2012年版，第202页。

年动态更新。不同地区的公平市值租金差异很大。虽然大部分地区的公平市值租金较低，但人口净流入的大都市的公平市值租金通常较高。2021 年，非大都市地区中仅有 14.4% 区域的两居室公寓的公平市值租金高于 1000 美元，最高为 2023 美元。而大都市区中 57.7% 区域的公平市值租金均高于 1000 美元（见图 2），最高可达 3553 美元。2021 年美国最大的前 50 个大都市区的公平市值租金均值为 1517.3 美元（见图 3）。

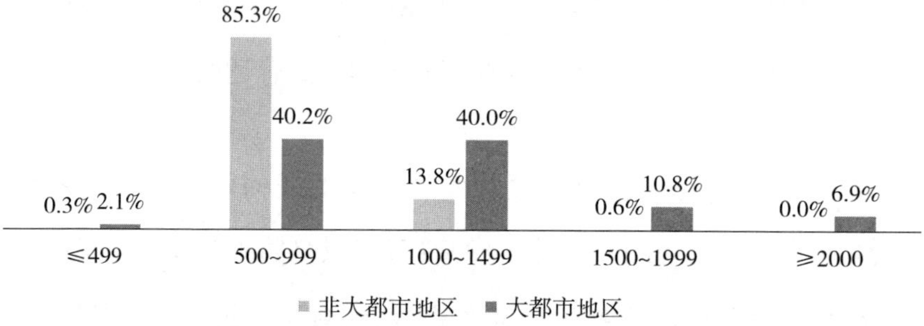

图2　2021年一套两居室住房的公平市值租金分布（单位：美元）

资料来源：美国住房和城市发展部，2021。

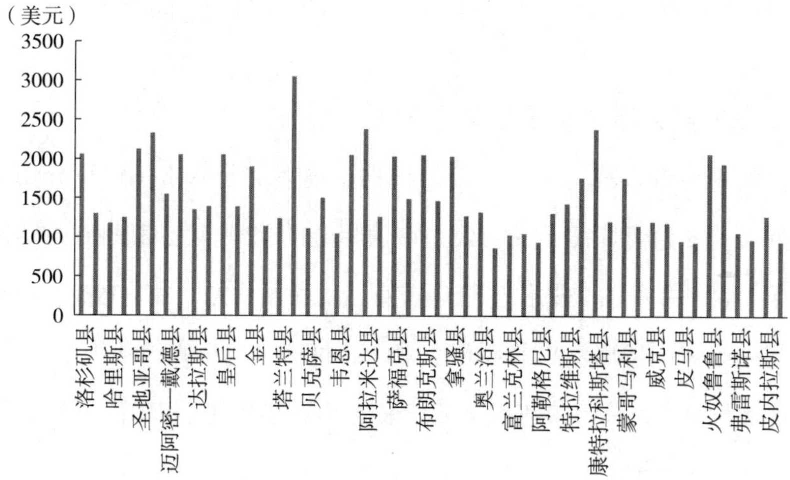

图3　2021财年美国最大都市区县的公平市值租金（两居室公寓）

资料来源：美国住房和城市发展部，2021。

值得注意的是，1983年华盛顿州制定了一项独立的租房券计划，申请者的选择权进一步拓宽。补贴数额不再根据公平市值租金设定，而是由住房管理机构制定“支付标准”，代表租房券项目所允许的最高房租。申请者可选择租金高于支付标准的住房，但需要自己承担高出支付标准的那部分租金。若选择低于支付标准的住房，结余部分可留用。

1998年，租赁凭证和租房券计划合并为“住房选择租房券计划”（Housing Choice Voucher Program）（仍简称为租房券），允许在公平市值租金的90% ~ 110%范围内设定支付标准。同一城市的不同区域，可根据实际租金水平设定差异化的支付标准，租金高的区域支付标准高、租金低的区域支付标准低。

三、租房券是美国受益范围最广的住房补贴项目

总体来看，租房券是美国住房补贴项目中受益范围最广的一个项目，从租房券项目中获得资助的美国家庭数量最多。

（一）租房券为200多万个家庭提供住房补贴

租房券每年为200多万个美国家庭提供住房补贴（见图4），补贴总金额约为200亿美元[①]，租房券持有家庭平均每年可获得8000美元的住房补贴。截至2021年7月，美国参与租房券计划的住房数量为2143440个[②]。2020年新冠疫情暴发后，美国救援计划法案（*The American Rescue Plan Act*）为低收入租房者增加了50亿美元数额的特别租房券。

---

① 美国预算和政策优先中心（Center on Budget and Policy Priorities），2017。

② Esri U.S. Federal Datasets, Housing Choice Vouchers by Tract.

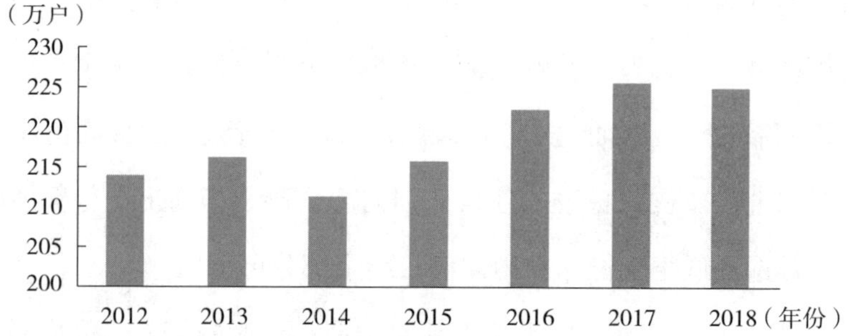

图4　2012—2018年（历年的1—3月）使用租房券家庭的数量

资料来源：Center on Budget and policy priorities。

租房券在美国住房补贴项目中的占比持续上升，成为美国住房和城市发展部（HUD）管理的最大的低收入住房补贴计划。1989—2015 年，美国住房和城市发展部的补贴项目中，租房券所占份额从 26% 上升到 47.4%，而公共住房所占份额则从 33.4% 下降到 22.7%（见表 1）。需要说明的是，除了公共住房和租房券外，美国的住房补贴还包括纳入政府补贴范围内的私人租赁住房，房东与政府签订合同并领取补贴，以弥补市场租金与租户支付租金间的差额，租客搬出后则不再享有补贴。

表1　　　　住房补贴项目的结构性变化趋势

调查年份	所有援助住房（千套）	公共住房（%）	租房券（%）	私人租赁住房补贴（Tenants in Privately Owned MF, %）
1989	4070	33.4	26.0	40.5
1991	4036	28.4	28.3	43.3
1993	4054	28.1	29.6	42.3
2003	4280	25.6	42.1	32.4
2007	4273	23.5	45.1	31.4
2009	4426	22.6	46.8	30.6

续表

调查年份	所有援助住房（千套）	公共住房（%）	租房券（%）	私人租赁住房补贴（Tenants in Privately Owned MF, %）
2011	4466	22.9	47.0	30.1
2013	4490	22.9	46.8	30.2
2015	4475	22.7	47.4	29.9

资料来源：Characteristics of HUD-Assisted Renters and Their Units in 2015。

（二）租房券对参与家庭产生了积极影响

客观地讲，租房券的大量投入可能会刺激房租上涨。相关研究表明，在租房券发放较多的大都市地区，低收入家庭所支付的房租上涨明显，在90个最大的大都市区，租房券导致房租平均上涨了16%。[①] 但租房券带来的房租上涨也刺激了租赁住房的供应。更重要的是，租房券项目的实施对受资助家庭的住房支出、居住环境、人力资本等方面产生了积极影响。

一是显著降低了住房支出负担。每年约有200万个美国家庭使用租房券，租房券的利用率总体在90%（见表2），即参与租房券计划的家庭中90%找到了合适的租赁住房，显著缓解了住房支付压力（见图5）。尽管依然有少量家庭的住房消费支出在收入中占比较高，但这主要是由于部分家庭在记录住房消费时没有收入或收入较少造成的。[②]

① Susin S.. Rent vouchers and the price of low-income housing[J]. Journal of Public Economics, 2002, 83（1）: 109-152.

② McClure K.. Rent burden in the housing choice voucher program[J]. Cityscape, 2005: 5-20.

表2　　租房券的使用情况

年份	授权租房券（张）	使用租房券的家庭数量（户）	租房券的利用率（%）
2004	2073855	1995967	96.2
2005	2113959	1957617	92.6
2006	2135387	1911064	89.5
2007	2160743	1956769	90.6
2008	2189303	2014468	92.0
2009	2204254	2063647	93.6
2010	2265542	2084103	92.0
2011	2302838	2127906	92.4
2012	2328233	2147790	92.2
2013	2356833	2147082	91.1
2014	2388491	2112518	88.4
2015	2413335	2175212	90.1
2016	2482231	2230598	89.9
2017	2499910	2244992	89.8

资料来源：Center on Budget and policy priorities，National and State Housing Fact Sheets & Data。

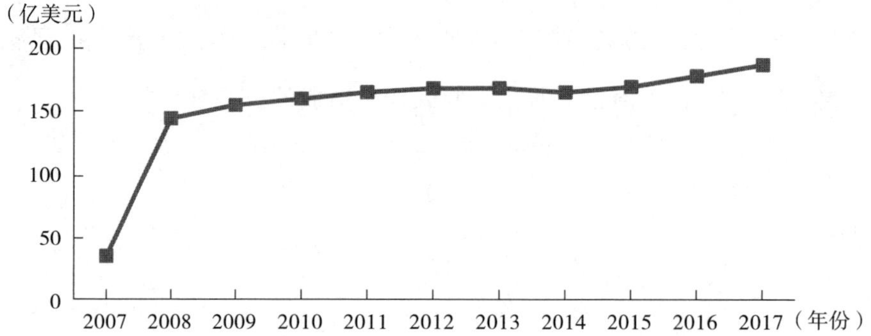

图5　向业主支付的租房券援助金总额（HAP）

资料来源：Center on Budget and policy priorities，National and State Housing Fact Sheets & Data。

二是改善了居住条件。租房券计划要求租赁的房屋须符合特定的设计标准，租房券持有者会在搬家时选择条件稍好一点的社区，其家庭居住环境得以改善。①租房券项目对提高社区安全性也有明显效果。虽然部分租房券持有者会因为当前的工作机会等原因延迟搬迁到条件更好的社区②，但这无损于租房券计划对参与家庭居住环境的显著改善作用。一项在 6 个城市进行的随机抽样调查结果显示：通过参与租房券计划，无家可归的家庭比重从 13% 减少到 3%，生活在过度拥挤的环境中的家庭比重从 46% 减少到 22%（见图 6）。③

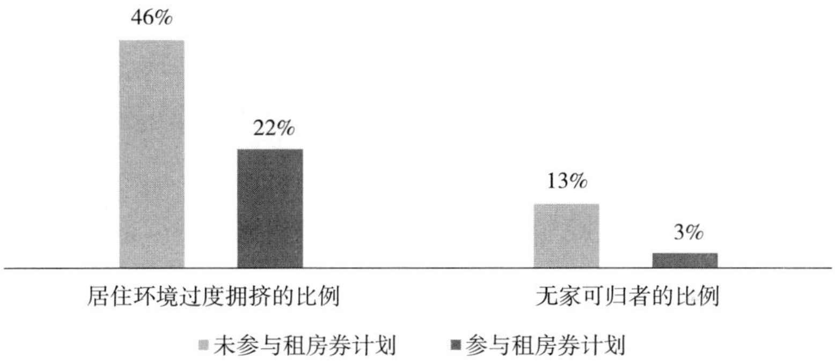

图6　租房券计划对参与家庭居住环境的改善情况

资料来源：Wood M., Turnham J., Mills G.. Housing affordability and family well—being: Results from the housing voucher evaluation[J]. Housing Policy Debate, 2008, 19（2）: 367–412。

三是有效分散贫困人口。允许租房券持有者自由选择合意的住房，使

---

① Feins J. D., Patterson R.. Geographic mobility in the housing choice voucher program: A study of families entering the program, 1995—2002[J]. Cityscape, 2005: 21–47.

② Eriksen M. D., Ross A.. The impact of housing vouchers on mobility and neighborhood attributes[J]. Real Estate Economics, 2013, 41（2）: 255–277.

③ Wood M., Turnham J., Mills G.. Housing affordability and family well - being: Results from the housing voucher evaluation[J]. Housing Policy Debate, 2008, 19（2）: 367–412.

贫困的租房家庭得以分散居住[①]。相比其他住房补贴计划，该计划能更有效地避免贫困家庭集中。对于有孩子的家庭，租房券分散贫困的效果更为明显。[②]

四是改善人力资本状况。租房券计划会显著改善 6 岁以下低龄儿童的人力资本状况。[③]相关研究[④]发现，如果给予适当的信息和机会，参与租房券计划且家有学龄儿童的家庭将搬到拥有更好学校的社区。这类家庭中的儿童在成年以后发展得更好，更有可能上大学，收入水平显著提升，成为单亲父母的可能性更小（见图 7）。

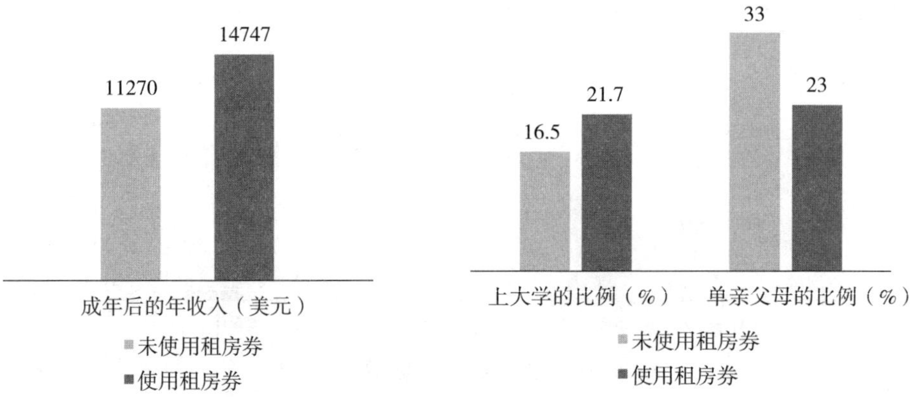

图7　是否参与租房券计划对儿童发展的影响

资料来源：Barbara Sard and Douglas Rice, "Realizing the Housing Voucher Program's Potential to Enable Families to Move to Better Neighborhoods," *Center on Budget and Policy Priorities*, UPDATED January 12, 2016。

---

① McClure K., Schwartz A. F., Taghavi L. B.. Housing choice voucher location patterns a decade later[J]. Housing Policy Debate, 2015, 25（2）: 215–233.

② Sard B.. Housing vouchers should be a major component of future housing policy for the lowest income families[J]. Cityscape, 2001: 89–110.

③ Ellen I G.. What do we know about housing choice vouchers?[J]. Regional Science and Urban Economics, 2020, 80: 103380.

④ Ellen I. G., Horn K. M., Schwartz A. E.. Why don't housing choice voucher recipients live near better schools? Insights from Big Data[J]. Journal of Policy Analysis and Management, 2016, 35（4）: 884–905.

四、美国租房券对我国发展保障性租赁住房的启示与建议

住房市场化改革 20 多年来，我国普遍的住房短缺状况已经显著缓解，但大城市的新市民、青年人群体的住房困难问题仍然较为突出。保守估计，目前以农民工、新就业大学毕业生为主体的新市民租赁群体总规模达到 1.6 亿人[①]。从居住需求看，与本地户籍人口相比，新市民换工作的频率相对较大，为便利工作与通勤，会较为频繁地搬家，这决定了新市民需要较为灵活的租赁选择。从政策效果看，在缺乏低成本土地制度安排下，以"补砖头"的方式新建大量的保障性租赁住房不仅成本高，短期难以形成有效供应，且难以匹配新市民群体工作与居住地点较为频繁变换的特点；与"补砖头"相比，以发放租房券的形式"补人头"，不仅成本低，且能更好地匹配新市民群体灵活居住的需求。

建议借鉴并吸收美国租房券计划的政策经验，将一部分货币化补贴以租房券的形式发放，并逐渐扩大其比重。发放租房券有助于实现住房补贴的"专款专用"，显著降低新市民的住房支出压力，有效盘活存量租赁住房资源、提升租赁住房品质。与低收入人群集中居住的保障性租赁住房项目相比，为新市民发放租房券还可有效地分散贫困人口，有利于改善新市民及其子女的人力资本状况。换言之，以发放租房券形式"补人头"，可有效撬动市场力量，实现"花小钱、办大事"。

第一，试点为符合条件的新市民发放租房券。具体的申请资格由地方政府根据各地实际情况决定。与此同时，按照当地 60 平方米市场化租赁房的平均租金设定支付标准。租房券补贴额为申请者家庭收入的 30% 与上

① 王瑞民、邓郁松、牛三元："准确把握我国住房租赁群体的规模、特征和变化趋势"，国务院发展研究中心《调查研究报告》2021年第101号（总第6166号）。

述支付标准间的差额。出租人收到租房券后，可向政府折抵税款或者兑换现金，但房源需满足政府对于租赁房的相关要求，包括基本的安全、一定的面积和卫生条件。城中村出租屋、老旧小区出租屋在符合政府设定的保障性租赁房质量标准后也可纳入“租房券”适用范围，为城中村出租屋权利人与老旧小区业主进行房屋改造提供有效激励。可以预期的是，对需求端进行补贴的租房券能提高新市民的住房支付能力，促进租赁住房品质提升。由于用租房券折抵部分房租需要签订合同并备案，租房券的发放还将促进租赁备案率的提升，有利于开展租赁监管。

第二，租房券应主要在住房供过于求或总体平衡的城市发放。美国租房券政策的经验表明，租房券的发放有特定的适用条件，即住房供求关系从供不应求转向总体平衡。在租赁住房总体短缺的城市，租房券的预期效果会打折，供不应求时租房券对租金的抬升效应高于对租赁品质的促进效应。相关研究①显示，人口净流入城市的住房供求基本情况存在较大差异，户均住房套数、租金支付能力、存量住房结构均不同。租房券应主要在住房供需总体平衡（户均住房 1.0 ~ 1.1 套）或住房供过于求（户均住房超过 1.1 套）的城市发放。

第三，住房总体短缺的城市首要任务仍是增加租赁住房供应，在此基础上适当发放租房券。租房券在此类城市对租金的抬升效应，将使得“工改租”“商改租”和城中村租赁房提质升级等盘活存量房源的市场行为有利可图，一定程度有助于增加租赁住房供应。

执笔人：龙婷玉　王瑞民

① 邓郁松、许小乐、王瑞民、牛三元、李妍：“分类指导大城市租赁住房发展”，国务院发展研究中心内部报告。

后　记

2017年，党的十九大报告明确提出“加快建立多主体供给、多渠道保障、租购并举的住房制度，让全体人民住有所居”。“十四五”规划建议进一步提出“探索支持利用集体建设用地按照规划建设租赁住房，完善长租房政策，扩大保障性租赁住房供应”。党的二十大报告从新时代全面建设社会主义现代化国家的蓝图出发，对增进民生福祉、提高人民生活品质作出了一系列重大部署，重申并强调“坚持房子是用来住的、不是用来炒的定位，加快建立多主体供给、多渠道保障、租购并举的住房制度”，为新时代加快租赁住房发展提供了根本遵循。

租和购是居民家庭住房消费的两种基本方式。1998年进一步深化城镇住房制度改革以来，原租给职工的公有住房出售给职工家庭，城镇家庭住房消费快速转向以购为主，推动商品房市场迅猛发展，居民住房条件显著改善。在房地产市场快速发展过程中，租赁市场发展相对滞后且不规范，租赁品质总体偏低的问题较为突出，租房居住的群体和家庭获得感总体不强，已成为制约住房高质量发展的“短板”。

为做好租赁住房相关研究工作，更好为中央决策服务，市场经济研究所承担了国务院发展研究中心2021年度重点课题“中国住房租赁：前景、思路与政策”，并于2021年3月建立以自身骨干力量为主、相关机构专家学者广泛参与的课题组。经过课题组一年多来的共同努力，形成了丰硕的研究成果，为党中央国务院相关政策制定提供了有价值、接地气、能管用的咨询建议。课题研究的特色和创新价值主要体现在以下方面。

第一，注重问题导向与目标导向相结合。课题组先后赴国内十余个代表性城市进行实地调研，并与地方政府、房企、金融机构、专家学者等召开相关研讨会，汲取源自不同视角的洞见，以更加客观深入地把握我国租赁住房发展面临的难点问题及体制机制障碍。另外，在研究中更加注重从中长期发展的角度系统考虑租赁住房发展的思路和重点问题。为此课题组就租赁住房发展的供求现状和中长期趋势进行了尽可能扎实的结构分析与测算，在此基础上进一步厘清了租赁住房发展需要重点解决的问题以及中长期租赁住房发展的方向、思路和重点。

第二，注重系统把握和重点研究相结合。课题研究采取总分结构，包括一个总报告、十一个专题报告。其中总报告就我国租赁住房发展提出系统解决方案，在对我国租赁住房发展不同阶段的政策变化进行回顾与梳理、充分利用相关数据深入分析我国租赁住房的供需现状和主要特征，梳理和剖析当前我国租赁住房发展迫切需要解决的主要问题的基础上，重点分析2035年我国租赁住房需求的变化趋势及面临的一系列新形势和新要求，提出发展租赁住房的重点、思路和相关政策建议。十一个专题报告注重深入分析租赁住房发展的关键问题和难点问题，涵盖了未来10年租赁住房供需测算，国际经验与借鉴，支持租赁住房发展的金融、税收、财政等政策的专题研究。

第三，注重服务决策与引导实践相结合。结合课题研究的重要发现与各地租赁住房实践中的创新和暴露的问题，我们形成了一系列政策研究报告。如针对租赁住房税费、土地规划、商改租、工改租、新市民租赁住房与公共服务、长租房风险等问题，我们完成了《严控分散式长租公寓风险，促进长租房市场规范发展》《抓住三个重点降低租赁住房税费负担》《探索发放租房券缓解新市民住房困难》等报告，获得国务院领导同志的高度重视，相关研究建议体现在后续出台的政策中。此外，《重点通过三种方式增加大城市租赁住房供应》《分类指导大城市租赁住房发展》《准确把握我国住房租赁群体规模、特征与变化趋势》《扩大城市公共服务覆盖范围，推动城市化高质量发展》《美国租房券计划对我国发展保障性租赁住房的启示》等报告也产生了一定的政策影响。针对近年来租赁住房领域的创新实践，我们也进行了深入的调研和梳理总结，如《建设银行金融支持住房租赁的经验》得到了中央领导的重视，为有关部门和各地推动租赁住房发展提供了有益参考。

课题研究成果获评2021年度国务院发展研究中心优秀研究成果奖，这是对课题组通力合作的肯定。在课题研究中，国务院发展研究中心原党组书记、全国政协经济委员会副主任马建堂同志，国务院发展研究中心副主任、党组成员王安顺同志都给予了大力支持和指导；邓郁松副所长担当了课题执行负责人和总协调人，在课题研究框架设计、调研组织、报告写作与总撰方面作出了突出贡献；牛三元、王瑞民两位年轻人在研究中迅速成长，发挥了骨干作用，也为课题增添了很多创新价值；孙成龙、金浩然、许小乐、王继源、龙婷玉等同志也对总报告和专题研究作出了重要贡献。最后，还要特别感谢住建部房地产市场监管司、建设银行总行住房金融和个人信贷部及各地住建部门对课题研究的支持，特别是其在实地调研中给予了热情支持和大量鲜活的创新案例。

相信摆在大家面前的这一本薄薄的专著，仅仅是我们租赁住房研究的开始。

市场经济研究所所长、研究员　王　微

2022 年 11 月 29 日于北京